Introduktion till postkvalitativ metodologi

Karin Gunnarsson och Linnea Bodén

Published by
Stockholm University Press
Stockholm University
SE-106 91 Stockholm, Sweden
www.stockholmuniversitypress.se

Supporting Agency (funding): Institutionen för pedagogik och didaktik och Barn- och ungdomsvetenskapliga institutionen, Stockholms universitet

First published 2021
Cover Illustration: Stockholm University Press.
Cover License: CC-BY 4.0
Cover Image: "Ice Crystals In Morning Sunlight" by A Guy Taking Pictures
Cover Image License: CC BY 2.0
Cover designed by Stockholm University Press

Stockholm Studies in Education (Online) ISSN: 2003-6159

ISBN (Paperback): 978-91-7635-135-2
ISBN (PDF): 978-91-7635-132-1
ISBN (EPUB): 978-91-7635-133-8
ISBN (Mobi): 978-91-7635-134-5

DOI: https://doi.org/10.16993/bbh

Suggested citation:
Gunnarsson, K. & Bodén, L. 2021. *Introduktion till postkvalitativ metodologi*. Stockholm: Stockholm University Press. DOI: https://doi.org/10.16993/bbh. License: CC-BY 4.0.

To read the free, open access version of this book online, visit https://doi.org/10.16993/bbh or scan this QR code with your mobile device.

Stockholm Studies in Education

Stockholm Studies in Education (ISSN 2003-6159) is a peer-reviewed and open access book series for publication of research in education. It aims to cover a broad range of academic monographs and edited volumes in education including, for example, adult learning; career development; citizenship education including cosmopolitanism, patriotism and nationalism; democracy and education; health and education; higher education; history of education; international studies; interaction, communication and learning; leadership and organization in schools and society; philosophy of education; policy studies; sociology of education, and vocational education and training.

Editorial Board

Titles in the series

1. Carlhed Ydhag, C. 2020. *Uppkomsten av ett professionellt medicinskt fält. Läkares, sjuksköterskors och laboratorieassistenters formering*. Stockholm: Stockholm University Press. DOI: https://doi.org/10.16993/bbc
2. Gunnarsson, K. & Bodén, L. 2021. *Introduktion till postkvalitativ metodologi*. Stockholm: Stockholm University Press. DOI: https://doi.org/10.16993/bbh

Principer för sakkunniggranskning

Böcker som är publicerade med Stockholm University är sakkunniggranskade. Varje bokförslag skickas till ett redaktionsråd av experter inom ämnesområdet för en första bedömning. Om redaktionsrådet och förlagskommittén anser att förslaget är av god kvalitet, accepteras detta för vidare hantering. Det fullständiga bokmanuset granskas i sin helhet av minst två oberoende experter.

En utförlig beskrivning av förlagets riktlinjer för sakkunniggranskning finns på webbplatsen: http://www.stockholmuniversitypress.se/site/peer-review-policies/

Redaktionsrådet för *Stockholm Studies in Education* tillämpar en dubbel anonymisering av granskningsprocessen för manuskript, vilket innebär att författaren och granskarna varit anonyma för varandra under granskningsprocessen. Granskarnas namn har avslöjats för författaren först efter beslut om publicering.

Tack till granskare

Ett särskilt varmt och stort tack riktas till dem som har sakkunniggranskat denna bok innan publicering.

Detta bokmanus granskades av:

Anna Jobér, Universitetslektor, Institutionen för skolutveckling och ledarskap, Malmö universitet. ORCID: https://orcid.org/0000-0001-9720-0233

Anna Martín Bylund, Universitetslektor, Institutionen för beteendevetenskap och lärande, Linköpings universitet. ORCID: https://orcid.org/0000-0003-1182-2213

Innehållsförteckning

Prolog

Världen är en rörlig och rörig plats! Här samsas människor, organismer, fabriker, strukturer, djur, bakterier, diskurser, ting, känslor och tankar. Varje dag är alltså ett myller av rörelser: sådana du kan se, höra eller känna, men också sådana som pågår helt utan din vetskap. Tänk bara på vägen till din arbetsplats, din skola eller ditt hem: du möts av intryck från mängder av håll. Intryck som inte bara kan begränsas till det du uppfattar där och då, utan som också är sammantrasslade med de som har skett historiskt och de som kan komma att ske i framtiden. Intryck som skapas tillsammans med dig. Frågan för denna bok är hur det kan bli möjligt att skapa kunskap om den komplexitet, oförutsägbarhet och motsägelsefullhet som världen innefattar? Kunskap som inte främst syftar till att ordna och sortera utan som vill och kan omfamna föränderligheten, trassligheten och sårbarheten? En kunskap som låter världen "slå tillbaka"? Hur formar vi metodologiska tillvägagångssätt som ger möjlighet att både innefatta och undersöka denna röra?

Varför behövs då en bok om postkvalitativ metodologi? Vi som skrivit denna bok har båda genomfört empiriska studier med postkvalitativ metodologi och också handlett studenter och doktorander genom liknande projekt. När vi i detta arbete sökte svar på hur en postkvalitativ studie kan göras var det främst teoretisk och filosofisk litteratur som fanns att tillgå och vi saknade en bok som samlat och konkret kunde ge vägledning till de frågor som vi var intresserade av att studera. Det är utifrån dessa erfarenheter som vi har skrivit denna bok. Förhoppningen är att boken kan erbjuda det vi inte funnit – en samtidighet av vägledning med teoretisk komplexitet och metodologisk öppenhet.

Vetenskapliga metoder omfattar alltid anspråk på hur verklighet, processer och praktiker kan ordnas och klassificeras. Att såsom i denna bok dela upp forskningsprocessen i kapitel och rubriker har inneburit svåra beslut och gränsdragningar. Läs gärna boken i oordning, läs den tillsammans med andra texter, och ifrågasätt det som står här. Den är, precis som många andra metodböcker, en prövande berättelse om hur vi kan undersöka världen. Med detta sagt vill vi poängtera att denna bok inte är en manual eller instruktion för hur forskning ska bedrivas. Med utgångspunkt i att teori och metod alltid är sammanvävda och att det inte går att bestämma i förväg hur forskningsprocessen ska läggas upp vill vi här beskriva en metodologi i blivande.

Denna bok vänder sig till dig, student eller forskare, som är på väg eller mitt i att genomföra en forskningsstudie – såväl en uppsats som ett flerårigt forskningsprojekt. Den vänder sig till dig som undrar vad det innebär att skapa kunskap; att fråga, att konstruera empiri, att pröva etiska aspekter, att göra en analys och att sammanställa svar. Den vänder sig till dig som, i den blandning av ångest och glädje som alltid uppstår i undersökandet av något nytt, inte bara vill utforska någon aspekt av världen utan samtidigt är intresserad av att skapa förståelse för hur ditt eget forskningsarbete blir en del av denna förståelse. Det innebär att vi ser att du som läsare har ett intresse av hur teori och metod sammanvävs i ett empiriskt och praktiknära arbete. Denna bok med sin specifika utgångspunkt i postkvalitativ metodologi kan ge vägledning och inspiration inom många olika områden och vetenskapliga discipliner. Kanske kan den bli särskilt hjälpsam om du befinner dig inom pedagogik, didaktik, pedagogiskt arbete, genusvetenskap eller barn- och ungdomsvetenskap eftersom det är fält där vi författare varit och är aktiva. Vi hoppas att denna bok kan utmana och uppmana till experimenterande och engagerande metodologiska tillvägagångssätt och att den kan bli en guide eller ett sällskap att arbeta tillsammans med.

Vi återvänder till meningen som inleder boken: Världen är en rörlig och rörig plats! Denna bok är skriven med ambitionen att inspirera till att undersöka världens röra.

Kapitel 1. Postkvalitativ metodologi

I denna bok tar vi oss an att introducera vad som under senaste decenniet har presenterats som en postkvalitativ metodologi. Genom att använda begreppet postkvalitativ metodologi, vill vi visa att vi har hämtat inspiration från en rad forskare som utforskar olika sätt att bedriva kvalitativa studier. I boken kommer vi alltså redogöra för hur olika forskare genomfört postkvalitativa studier, men också lyfta fram hur vi själva gjort och hur vi brottats med olika aspekter av att genomföra forskning. Begreppet postkvalitativ metodologi är inspirerat av engelskans *post qualitative inquiry*. Detta begrepp presenterades 2011 av Elizabeth Adams St. Pierre i metodhandboken *Sage Handbook of Qualitative Research*. Men vad är postkvalitativ metodologi? Och varför kan ett postkvalitativt förhållningssätt till forskning vara relevant? Med utgångspunkt i dessa två frågor vill vi som inledning till denna bok introducera den postkvalitativa metodologin, dess framväxt och innebörd.

Att omfamna och omforma kvalitativa ansatser

Benämningen på det metodologiska förhållningssätt som vi introducerar i denna bok är en sammansättning av orden *metodologi*, *kvalitativ* och *post*. Vad innebär då dessa tre ord och vad händer när de sätts samman? Vi börjar med ordet *metodologi* som kan beskrivas som läran om, eller teoretiserandet av, vetenskapliga metoder (Åsberg, 2001). Med detta ord riktas intresset i denna bok mot de teoretiska, ontologiska och epistemologiska antaganden som underbygger olika metoder. Även om ordet metodologi signalerar ett övergripande intresse för att diskutera forskningens premisser, menar vi att det är av lika stor relevans att diskutera hur det faktiskt går till att genomföra vetenskapligt arbete. Boken omfattar därför många exempel på hur teoretiska, ontologiska och epistemologiska premisser iscensätts i och genom olika vetenskapliga metoder. Dessa metoder rör sig inom det kvalitativa forskningsfältet och *kvalitativ* blir också nästa ord att beskriva.

Kvalitativ forskning är inte en sammanhållen eller enhetlig forskningsansats. Trots detta är kvalitativ forskning ett vedertaget begrepp som syftar på specifika sätt att förstå vetenskaplig kunskapsproduktion. Ofta handlar det om tolkande ansatser som exempelvis fokuserar på kultur och samhälle (som etnografiska studier), studier som fokuserar på människors levda erfarenhet (som fenomenologiska studier) eller studier som fokuserar på text och textanalys (som sociolingvistiska och diskursanalytiska studier), för att nämna några ur den uppsjö av olika kvalitativa ansatser som finns (Cohen, Manion & Morrison, 2018). Kvalitativa ansatser används ofta som en dikotomi eller motsats till *kvantitativ* forskning och kontrasteras mot olika epistemologiska utgångspunkter såsom positivism kontra hermeneutik, empirism kontra rationalism (Åsberg, 2001).

Så till sist det lilla ordet *post* som betyder efter. Detta ord signalerar en förskjutning av det som vanligtvis beskrivs som kvalitativ forskning. Trots det kvalitativa begreppets vaga betydelse innehöll de tidigaste texterna om postkvalitativ metodologi en skarp kritik mot just detta. Framför allt amerikanska utbildningsvetenskapliga forskare (se t.ex. Lather, 2013; 2016; St Pierre, 2013a) menade att en stor del av den kvalitativa forskningen var präglad av oreflekterade positivistiska vetenskapsideal. Det kritikerna betonade särskilt var hur positivistiska antaganden om evidens och objektivitet reproduceras i den kvalitativa forskningen, trots att dessa antaganden återkommande hade problematiserats såväl inom naturvetenskap som samhällsvetenskap och humaniora. Därutöver beskrevs forskaren bli någon som kunde kategorisera och strukturera verkligheten och "data" beskrevs som något som kunde samlas in och kodas. Detta har beskrivits som att "den kvalitativa forskningen inte har varit kvalitativ nog" (Johansson, 2014, s. 115).

I denna bok tar vi avstamp i denna kritik, men vill samtidigt betona att för oss handlar inte adderingen av post-prefixet och formandet av ordet *post*kvalitativ om att skapa ett brott eller ta avstånd från något. Vi ser inte det postkvalitativa som något som kommer efter det kvalitativa. För oss innebär därför prefixet att samtidigt problematisera och lägga till något och på så sätt skapa ytterligare tillvägagångssätt, möjligheter eller alternativ för att bedriva forskning. Detta alternativ tar form i ett slags förening eller transformation av så kallat traditionella samt kreativa och experimenterande metoder (Bodén, 2016). Vår ambition är alltså i stället att både omfamna och omforma kvalitativa forskningsansatser.

Vad innebär det och vad är det som vi samtidigt vill omfamna och omforma? Kvalitativ forskning kan förstås som tätt sammankopplad med språkliga praktiker där språket ses som en representation av verkligheten. Denna *representationalistiska* utgångspunkt producerar världen som ontologiskt uppdelad mellan å ena sidan verkligheten och å andra sidan ord och begrepp som beskriver verkligheten. En postkvalitativ metodologi ifrågasätter denna utgångspunkt och vill omforma hur meningsskapande och språk kopplas till en mänsklig uppfattning av vad världen är (Ceder & Gunnarsson, 2018). Vissa har därför beskrivit postkvalitativ metodologi som *icke-representationalistisk* (Thrift, 2008; Vannini, 2015; se även Juelskjær, Plauborg & Adrian, 2020). En icke-representationalistisk utgångspunkt innebär att språk och verklighet inte kan separeras utan ständigt samskapar varandra. Det bygger på en förståelse av forskningsprocessen där ontologi, epistemologi och metodologi är sammanvävda. För kvalitativ forskning menar vi att detta innebär en teoretisk förskjutning som omformar exempelvis vad som förstås som ett forskningsproblem och hur det formuleras, samt vad som inryms i forskningens etiska ansvar. Omfamnandet och omformandet kan också handla om att använda metoder och begrepp som skapats inom kvalitativ forskning – som exempelvis intervjuer eller fältanteckningar – men där innebörden har förskjutits i relation till de ontologiska eller epistemologiska utgångspunkter som ett specifikt forskningsprojekt utgår från. På så sätt handlar det om att ta de kvalitativa analysverktygen vidare genom en teoretisk nyansering som förändrar de empiriska tillvägagångssätten (Åsberg, m.fl., 2012). Det kan handla om att intervjuer blir till intravjuer, fältanteckningar blir till minnesanteckningar, och till synes neutrala policydokument blir performativa och sårbara.

I denna bok kommer dessa exempel, tillsammans med många fler, fungera som förslag på den postkvalitativa omfamningen och omformningen av kvalitativ forskning. Vi menar att det går att utgå från traditionellt kvalitativa ansatser och samtidigt engagera sig i de antaganden som finns inbäddade i den postkvalitativa metodologin. Att samtidigt omfamna och omforma ser vi som en framkomlig väg som ger möjlighet till dialog och kreativt utforskande. Det innebär också att vi närmar oss metodologiska frågor med en öppenhet för ett brett spektrum av tillvägagångssätt och förfaranden. Ett sätt att beskriva denna öppenhet är med hjälp av begreppet *metodologisk sensibilitet*, ett begrepp som betonar vikten av att skapa många och multipla metoder för att undersöka komplexitet i en specifik praktik eller i relation till det specifika fenomen som studeras (Bodén, m.fl., 2019).

En metodologi i blivande

Att genomföra en vetenskaplig studie handlar om att söka och att pröva: Vilka teorier eller metoder kan vara lämpliga för att undersöka just det jag är intresserad av? Vilka frågor kommer jag kunna ställa om jag gör si och vilken kunskap kommer produceras om jag gör så? I tidigare studier har vi arbetat med diskursanalys och dekonstruktion inspirerad av poststrukturalistisk teori och funnit dessa ingångar produktiva för att undersöka frågor om meningsskapande och maktrelationer. Med diskursanalys möjliggörs kunskap om hur framför allt språk kan skapa dominerande föreställningar, makt och motstånd. Vi upplevde dock att andra aspekter och frågor blev svårare att utforska, till exempel frågor om hur materialiteter och affekter är del av att skapa ett fenomen (Gunnarsson, 2015). Eller hur (till synes neutral) digital teknik omskapar och förändrar vardaglig praktik, samtidigt som också tekniken omformas genom vardagliga göranden (Bodén, 2016). Kropp, känslor, ting, natur och teknik betraktades som passiva och blev ofta förbisedda. Dessutom upplevde vi en begränsning i antaganden kring forskningens relation till det som studeras. Med en poststrukturalistisk diskursanalys verkade utgångspunkten vara att hitta verktyg för att förstå hur verkligheten fungerar och att problematisera och eventuellt kritisera denna verklighet. Med detta som utgångspunkt upplevde vi att det blev svårt att också studera hur forskningspraktiken berör och samskapar processer och relationer och hur verkligheten så att säga samskapas i och genom forskningsprocessen. Implicit innebar detta att forskning förväntades avtäcka något som redan fanns, för att skapa beskrivningar av en *extern* verklighet oberoende av forskaren eller forskningen. Eftersom detta inte stämde överens med våra ofta materiella, affektiva och kroppsliga upplevelser av att faktiskt befinna sig *i* forskning formades ett intresse för att också pröva andra möjliga metodologiska ingångar.

Trots att detta kan läsas som en kritik av diskursanalytiska ansatser vill vi betona att vi inte avser att skapa en polemik mellan olika sätt att bedriva forskning. Olika sätt berikar och kan skapa spännande möten. Snarare vill vi lyfta fram att det behövs fler metoder och fler sätt att bedriva forskning på, inte färre! (Lenz Taguchi, m.fl., 2020). Med en postkvalitativ metodologi vill vi därför erbjuda ett *ytterligare* tillvägagångssätt som ger möjlighet att utforska fler aspekter och frågor. Cecilia Åsberg, Martin Hultman och Francis Lee (2012, s. 32) beskriver det som att rekalibrera poststrukturalismens metodologier på ”kreativa sätt i mötet med den allt annat än enbart mänskliga verkligheten, i möten med det djuriska, naturliga, tekniska och kroppsliga som utgör ett kollektiv av ’oss’”.

Med postkvalitativ metodologi vill vi lyfta fram tillvägagångssätt som inkluderar materiella, kroppsliga och affektiva aspekter av forskning och kunskapsproduktion. På så vis eftersträvas en decentralisering av mänskliga aktörer för att uppmärksamma hur alla aktörer, såväl mänskliga som icke-mänskliga, är sammanvävda och potentiellt lika viktiga. Att ifrågasätta mänskliga aktörers centrala position blir därför inte en utgångspunkt, utan snarare en effekt av att alla aktörer inkluderas på samma villkor i det som undersöks (Bodén, m.fl., 2019). Det har för oss blivit produktivt och till och med nödvändigt att befinna sig i denna röra av aspekter. Därför vill vi uppmana till en ständig medvetenhet om vad metodologin gör och en strävan efter att skapa fler möjligheter och möten för de aktörer som ingår i de studerade praktikerna.

Dessutom menar vi att en postkvalitativ metodologi möjliggör att uppmärksamma forskningsprocessen som samskapande av det studerade fenomenet. Här blir forskningsprocessen *performativ*, det vill säga del i att producera det som studeras och samtidigt producerad av det som studeras i en ömsesidig relation

(Gunnarsson, 2015; MacLure, 2013a). I linje med detta beskriver Annemarie Mol hur forskning ofta handlar om att betrakta objekt med endast ögon, kanske ibland även öron, men att sällan uppmärksamma hur objekten också rörs och berörs (2002, s. 12). En postkvalitativ metodologi betonar att forskning berör och följer fenomen eller aktörer snarare än betraktar eller finner dem. Det innebär att forskning inte kan bedrivas på ett tryggt avstånd från det som studeras. Att tillåta sig som forskare att beröra men också själv bli berörd kan ses som ett forskningsetiskt ansvar (Gunnarsson, 2018), något som vi menar att den postkvalitativa metodologin hjälper oss att möta. Fokus riktas därmed mot det som produceras i möten mellan aktörer, snarare än mot aktörerna i sig själva.

Vad vi argumenterar för är att i en samtid där olika kriser avlöser varandra och snarare blivit vardag än undantag behöver vi experimentella metodologier för att skapa kunskap. Det vi därav vill öppna för är metodologier som ställer frågor som: ”Hur görs denna praktik eller fenomen? Vad gör den? Och vad kan vi som forskare göra med det som görs?” (Strom, m.fl., 2019, s. 5, *vår översättning*). Här ingår också frågor om hur sociala och materiella orättvisor reproduceras och hur dessa går att omskapa. På så sätt är vår förhoppning, tillsammans med Hillevi Lenz Taguchi (2017, s. 167) och andra forskare inom det postkvalitativa fältet, att skapa utrymme för ”fler kreativa och konstruktivt transformerande” metodologier. Denna strävan kräver omsorgsfulla metodologiska strategier som kan uppmärksamma sprickorna, lagren och skiftningarna i det som studeras.

Något vi menar är centralt för en postkvalitativ metodologi är att det inte på förhand går att bestämma eller förutse forskningsprocessen. För att betona det oförutsägbara beskriver vi postkvalitativ metodologi som *en metodologi i blivande*. Det innebär att vi ser att metodologi blir till tillsammans med de praktiker som studeras och att denna samskapande process uppmärksammas. Denna bok kan därför inte betraktas som en manual eller instruktion för hur forskning ska bedrivas, utan ska snarare fungera som inspiration för att uppfinna och samskapa en metodologi i relation till varje unikt forskningsprojekt. Det är i görandet och praktiken som metodologin formeras och formerar. På så vis blir det också möjligt att erkänna och arbeta med de krokiga vägar och svårigheter som forskning innebär (Johansson, 2014). Det är framför allt dessa aspekter som gjort att vi dragits till och attraherats av postkvalitativ metodologi – till den grad att vi bestämde oss för att skriva en bok. Betyder det då att postkvalitativ metodologi kan vara vad som helst? Att den är ingenting? Någonting? Eller kanske allting? Vi ber läsaren om lite tålamod och lovar att återkomma till dessa frågor senare i boken.

Fyra ingångar till postkvalitativ metodologi

I ett försök att besvara frågan vad postkvalitativ metodologi är har vi ställt samman fyra ingångar. Dessa ingångar ser vi som centrala för denna metodologi och formuleras som följer: inspirationen från posthumanistisk teoribildning; förståelsen av forskning som verklighetsskapande; sammanvävning av diskurs, materialitet och affekt samt hur en feministisk ansats influerat postkvalitativ metodologi. Vi ser dessa ingångar som sammankopplade och temporära. Det innebär att de skulle kunna vara fler eller färre, att de går i och ur varandra och produceras *genom* varandra. De kan på så vis förstås som en rörlig och föränderlig entré till bokens vidare diskussioner. Vi kommer nedan veckla ut dessa ingångar och samtidigt ge läsaren exempel på hur och var de blir särskilt tydliga i resterande delar av boken.

Posthumanistiska teorier

Den postkvalitativa ansatsen rör sig inom ett teoretiskt fält av posthumanistiska teorier och tillhör den löst sammansatta rörelse som ibland kallas ”den materiella vändningen”. Posthumanism utgör en benämning från andra halvan av 1900-talet som betecknar uppgörelsen med det humanistiska subjektet (Åsberg, m.fl., 2012; Pedersen, 2014). Gilles Deleuze, Michel Foucault och andra kontinentala filosofer kritiserade vad de ansåg vara en humanistisk ideologi med en syn på människor som fria och förnuftiga i en radikal mening. Det posthumanistiska fältet omfamnar teorier med olika benämningar, till exempel feministisk materialism (Alaimo & Hekman, 2008), neo-materialism (Coole & Frost, 2010; Dolphijn & Tuin, 2012), aktör-nätverksteori (Mol, 2010;

Latour, 1999), relationell materialism (Law, 1999; se även Bodén, m.fl., 2019) och posthumanism (Barad, 2007; Braidotti, 2013).

I vår framskrivning har vi valt att förhålla oss eklektiskt till de olika posthumanistiska ansatserna, som på delvis skilda sätt ger inspiration till och formar en postkvalitativ metodologi. Vad som varit viktigast för oss är att lyfta fram teoretiker och teorier som alla på olika sätt bidrar till att sätta fokus på världens samtidiga rörighet och rörlighet. Något som vi menar är gemensamt för dessa teorier är att de vill skapa kunskap om världen utan att obestritt placera människor i centrum. På så sätt uppmärksammar de en mångfald av delaktiga aktörer. Bland de mest framträdande posthumanistiska filosoferna finner vi i dag Karen Barad, Gilles Deleuze och Felix Guattari, Donna Haraway, Bruno Latour, Annmarie Mol, John Law och Rosi Braidotti. Dessa filosofer har kritiserat vad de såg som en dominerande antropocentrism, det vill säga människocentrering, och subjektcentrism, som innebar gränsdragningar mellan subjekt/objekt, natur/kultur, språk/verklighet. Detta har också bidragit till att nya metodologiska frågor ställts och ur detta har postkvalitativa metodologier i sin tur växt fram. Här menar bland andra Jasmine Brooke Ulmer (2017) att posthumanismen radikalt påverkat kvalitativ metodologi. Omvänt innebär detta också att posthumanistiska studier ofta lägger ett stort fokus på metodologi.

De posthumanistiska teoriernas inverkan på postkvalitativ metodologi är alltså omfattande och kommer därför lysa igenom i bokens alla kapitel. Särskilt tydlig blir den posthumanistiska inspirationen i kapitel två, som handlar om forskningens övergripande aspekter. I detta kapitel diskuterar vi hur skapandet av forskningsproblem och forskningsfrågor i en postkvalitativ metodologi ofta är inriktade på problem som inte givet sätter människan i centrum. Vi ser detta som tydligt sprunget ur en posthumanistisk teoribildning. Med andra ord innebär detta att postkvalitativa studier betonar praktiker och händelser snarare än enskilda aktörer – praktiker och händelser som tar form i diskursiva, materiella och affektiva relationer. I kapitel två beskriver vi även hur forskningsprocessen kan förstås som en *kunskapsapparat*, där relationen mellan teori och metod är verksam i forskningens alla delar (se även diskussionen om onto-epistemologi nedan). Att förstå forskningsprocessens metodologiska ställningstaganden som genomsyrade av teori menar vi är ytterligare en posthumanistiskt influerad idé som kännetecknar postkvalitativa projekt. Detta innebär exempelvis att empiriskt material ”blir till” tillsammans med studiens specifika teoretiska utgångspunkter (se vidare kapitel fyra om empiriska arbetssätt och material).

De posthumanistiska influenserna har också fått andra konsekvenser. St. Pierre (2016) har till och med hävdat att posthumanistiskt inriktade studier borde överge de kvalitativa metoderna, till förmån för postkvalitativa metoder. Annars kommer det bli svårt att frångå de humanistiska ideal och utgångspunkter som posthumanismen problematiserar. Hon har till exempel beskrivit hur ”konventionella humanistiska kvalitativa metodologier” är omöjliga att kombinera med posthumanistiska teorier eftersom de ontologiska och epistemologiska utgångspunkterna ser alltför olika ut (St. Pierre, 2014, s. 3). Detta är något som vi dock vill problematisera i denna bok, genom att, som i kapitel fyra om empiriska arbetssätt och material, lyfta fram hur postkvalitativa studier har gjort det St. Pierre kallar ”omöjligt” och i det konkreta arbetet *samtidigt* utgått från och utmanat det ”konventionella humanistiska” (se även kapitel två där vi för en diskussion om olika spår inom postkvalitativ forskning och där distinktionen mellan det ”nya” och det ”gamla” – samt det teoretiska och det empiriska – ytterligare problematiseras).

Att göra verkligheter: relationen mellan varande och vetande

Teorier om hur vi förstår världen och våra processer för att skapa kunskap om denna värld kan inte skiljas från varandra i ett posthumanistiskt perspektiv. Vetenskap kan alltså inte avslöja vad som redan finns. Detta innebär att postkvalitativa metodologier omfattar en ansats att studera praktiker, händelser och fenomen och hur dessa produceras i och genom forskningsprocessen. Då måste denna process, dessa praktiker och göranden, också tas i beaktande. En utgångspunkt i postkvalitativ metodologi är därför att allt vetande – all kunskap om varandet – möjliggörs genom sammanvävningar med ”undersökningsobjektet”, med metodologier och metoder, med begrepp och med teorier. Vetenskapliga praktiker kan inte ”avslöja” vad som redan finns.

Vetandets praktiker (epistemologier) kan alltså inte skiljas från varandets praktiker (ontologier). Barad (2003; 2007) introducerar därför begreppet onto-epistemologi. På liknande sätt formulerar Haraway (2008b, s. 54) denna sammanvävning som att vi i forskning ”både lär oss om och skapar naturen och oss själva”. Detta sker genom en sammanvävd process av att samtidigt göra verkligheter och att göra tillsammans med det verkliga. Metod, teori, data och forskare befinner sig således i ett ömsesidigt beroendeförhållande till varandra. Ontologi, epistemologi, metodologi och etik är på så sätt sammanvävda i skapandet av det fenomen som studeras.

I kapitel tre diskuterar vi forskningsetik och etiska överväganden. I detta kapitel blir det särskilt tydligt hur forskningens verklighetsgörande potential i postkvalitativ metodologi alltid är sammanflätad med etik. ”Att göra verkligheter” som en etisk fråga handlar då exempelvis om att omskapa verkligheterna för de aktörer som ingår i forskningen genom att skapa verkligheter som ifrågasätter och problematiserar det vi annars tar för givet. Samtidigt handlar det om att i forskningen och som forskare ta ansvar för de verkligheter som produceras. Görandet av verkligheter i och genom forskning blir också framträdande i kapitel fyra, där vi diskuterar empiriska arbetssätt och material, och i kapitel fem där vi diskuterar analysarbete. I båda dessa kapitel ger vi återkommande exempel på hur val av metod, frågor om vad som är empiriskt material och hur detta material analyseras ständigt kommer att bidra till att specifika verkligheter görs.

Diskurser, materialiteter och affekter

Efter att språk och diskurser under lång tid getts stor betydelse har det inom forskning skett ett ökat fokus på sammanvävningar av diskurser, materialiteter och affekter. Den postkvalitativa metodologin strävar efter att uppmärksamma dessa sammanvävningar som beskrivits som en ”materiell vändning” och en ”affektiv vändning”. Här förskjuts fokus från att se språket som avgörande till att se hur också materialiteter och affekter är samkonstituerande och aktiva deltagare i kunskapande och verklighetsskapande processer, utan en asymmetrisk relation. Haraway (2008b, s. 231) beskriver det som att undvika att halka runt i en ”diskursiv terräng” där verkligheten blir till språkets och kulturens råmaterial. Detta har skapat en ny förståelse av hur diskursiva praktiker är relaterade till en materiell omvärld, och frågor ställs om hur olika former av materialiteter kan ses som agentiska (Barad, 2007). Vad som blir centralt är att människa och ting inte kan åtskiljas och en strävan efter att inte ständigt ha människan som främsta fokus.

Den materiella verkligheten förstås således som en aktiv agentisk kraft som samhandlar med både diskurser, känslor och människor, snarare än en passiv social konstruktion (Alaimo & Hekman, 2008). Det handlar om att kunna samhandla ansvarsfullt och förstå att människor inte är de enda aktiva eller agentiska i världen. Materialitet kopplat till agentskap är en av de posthumanistiskt influerade idéer som kanske fått störst teoretisk spridning, men kanske också det som mött mest kritik. Ofta i form av skämtsamma kommentarer där närmaste tillgängliga sak tas som exempel: ”Jaha, så du menar att glaset här på bordet plötsligt kommer börja dansa?” Utifrån det teoretiserande som sprungit fram ur den materiella vändningen är svaret att, nej, glas dansar sällan – även om de atomer ett glas består av hela tiden rör sig, vilket kan förstås som en intrikat typ av dans. Utgångspunkten är inte att materialiteter *är* agentiska, utan att de *blir* agentiska i relationer. Det handlar alltså inte om att påvisa ett fristående agentskap hos ett glas, utan om att lyfta fram hur agentskap uppstår i sammanvävningar av människor, diskurser och materialiteter (Barad, 2007).

Detta innebär att diskurser fortfarande anses som viktiga, men att fokus vidgas till att omfatta hur sammanvävningar av diskurser, materialiteter och affekter ömsesidigt påverkar och formar varandra. Utgångspunkten är alltså att materialiteter och affekter *också* är centrala i kunskapsproduktionen, utan att för den skull bortse från insikterna som fokus på språk och diskurs bidragit med (Boden, 2016; Gunnarsson, 2015).

Hur en mångfald av diskursiva, materiella och affektiva dimensioner kan omfattas och inkluderas i forskning blir särskilt framträdande i kapitel fyra där vi sätter fokus på empiriska arbetssätt. Med frågor om vad empiriskt material kan vara samt hur observationer, intervjuer och minnesanteckningar kan göras vill vi överbrygga uppdelningar mellan språk och kropp, natur och kultur, mänskliga och icke-mänskliga aktörer för att omfatta mer än språkliga göranden. På samma sätt innehåller kapitel fem redogörelser för analysmetoder som möjliggör just detta. Det innebär att sträva efter att inkludera samskapandet av diskursiva, materiella och affektiva dimensioner i en komplex analytisk process.

En feministisk ansats

Så som vi har redogjort för ovan bygger den teoretiska förankringen till postkvalitativ metodologi på posthumanism med koppling till feministisk teori. Den feministiska ambitionen handlar främst om att lyfta fram det som ofta har marginaliserats och osynliggjorts, samt att utmana maktrelationer och exkluderingsmekanismer (Lykke, 2009). I linje med posthumanistisk feministisk forskning utgår postkvalitativ metodologi från en strävan efter att ifrågasätta människans centrala position, eftersom denna människa ofta refererar till en väldigt specifik typ av män(niska): maskulin, vit, urbaniserad, heterosexuell och funktionsfullkomlig (Braidotti, 2013, s. 65).

Feministisk forskning inrymmer en uttalad önskan att utmana och förändra maktförhållanden såväl inom vetenskap som inom andra sammanhang. Här finns dock olika förståelser av makt och hur maktrelationerna produceras. Inom posthumanistisk feministisk teori riktas fokus mot hur sociomateriella kollektiv formar temporära och dynamiska maktformationer (Braidotti, 2013). I komplexa göranden och relationer skapas maktformationer som samtidigt blir flyktiga och kroppsligt förankrade. På liknande sätt har det inom feministisk forskning återkommande betonats hur teorier och metoder måste ses som skeenden i tid och rum och inte som universellt giltiga storheter. Teori och metod blir här lokaliserade och situerade kunskapsfält som främjas av mångfald och förändring (se t.ex. Braidotti, 2013; Colebrook, 2010; Lenz Taguchi, 2017; Lykke, 2009). På så vis öppnar kopplingen till feministisk filosofi upp för möjligheten att ställa frågor om hur det går att studera en mångfald av skillnad såväl mellan kroppar som inom kroppar och hur det är möjligt att konstruera olika ”versioner av levd materiell verklighet” (Lenz Taguchi, 2017, s. 173). Det skapar hopp om att andra potentiella verkligheter är möjliga vilket blir en viktig aspekt i arbetet med postkvalitativ metodologi. Det handlar alltså om att i forskningen sträva efter att öppna upp snarare än att stänga ned, att skapa nya sammanvävningar, nya frågor och på så vis nya versioner av det studerade fenomenet.

Detta sätt att arbeta metodologiskt menar vi är nära kopplat till ett feministiskt ansvar att alltid skapa mer affirmativa och inkluderande verkligheter och möjligheter. Detta diskuterar vi vidare i kapitel tre, där vi ställer forskningsetiska frågor om att uppmärksamma det som vanligtvis betraktas som perifert i produktionen av kunskap samt utvecklar vad affirmativ kritik innebär. Vi återkommer också till dessa frågor i kapitel sex, bland annat i relation till Braidottis (2010b, s. 46) uppmaning: *we are in this together*.

Avslutningsvis

Bokens inledande kapitel har beskrivit uppkomsten till postkvalitativ metodologi samt placerat den inom en posthumanistisk teoriram och i relation till en materiell vändning inom samhällskunskap och humaniora. Efter att övergripande ha besvarat frågan om vad en postkvalitativ metodologi kan vara genom en sammanfattning i fyra preliminära ingångar kommer vi nu att gå vidare i att utforska denna *metodologi i blivande* genom att närma oss forskningsprocessens olika aspekter. Detta sker i spänningar mellan att samtidigt dela upp processen i olika steg och synliggöra komplexiteten, samt mellan att samtidigt erbjuda tydliga anvisningar och betona dess tillfälliga och situerade karaktär. Vad vi vill poängtera är den postkvalitativa metodologins antagande och ambition om att skapa en forskningsprocess i samspel med den praktik som utforskas. Samtidigt som vi vet att ett rörligt metodologiskt arbete innebär vissa risker (jfr Koro-Ljungberg, 2015), menar vi att det ändå är värdefullt att betona det rörliga för att kunna skapa kunskap som tar hänsyn till den mångfald som världen innefattar.

Kapitel 2. Forskningsprocessen: övergripande aspekter av ett forskningsprojekt

Att arbeta vetenskapligt och bedriva forskning innefattar flera olika aspekter såsom problemformulering, konstruktion av empiriskt material, analys och sammanställning. Ett forskningsprojekt kan på så vis förstås som uppdelat i olika steg eller faser. Vad vi vill betona i denna bok är att dessa steg inte går att avgränsa och därför alltid är sammanvävda och icke-linjära. Trots det gör vi en viss uppdelning i relation till hur forskningsprojekt vanligtvis delas upp och vi utforskar dessa delar i relation till en postkvalitativ metodologi. Innan vi närmar oss dessa olika delar vill vi i detta kapitel arbeta med frågan om vad det innebär för utformandet av ett forskningsprojekt att jobba postkvalitativt. Vi fokuserar i kapitlet på de aspekter i forskningen som pågår och är närvarande under samtliga faser av ett projekt. Det handlar om övergripande aspekter som har stor betydelse för hur ett forskningsprojekt genomförs och som inom en postkvalitativ metodologi beskrivs som *forskningsapparat*, *forskningsproblem*, *forskarroll* samt *kvalitetskriterier*. Här ställer vi frågor om vad en forskningsapparat är och vilken inverkan den har på forskningen, vilka forskningsfrågor och problem som kan bli produktiva, hur vi som forskare förhåller oss till och påverkar det som studeras samt frågor om tillförlitlighet.

Något som är centralt för hur vi i denna bok förstår postkvalitativ metodologi är relationen mellan *vad* som studeras och *hur* detta studeras. Med andra ord, relationen mellan innehållet i forskningen, de frågor och problem som utforskas, och görandet eller utformningen av ett forskningsprojekt. Utgångspunkten är att alla delar i forskningsprocessen är delaktig i att skapa det som studeras. Med en posthumanistisk terminologi brukar denna ingång beskrivas med begreppet forskningsapparat och utforskandet av detta begrepp får inleda detta kapitel.

Forskning som (del av) en apparat

Som vi visade i föregående kapitel är en utgångspunkt i postkvalitativ metodologi att ontologier – varandets praktiker – inte kan skiljas från epistemologier – vetandets praktiker. På så vis blir blivande och vetande sammanvävda processer: en onto-epistemologi (Barad, 2007). Att tänka sig forskningsprocessen utifrån begreppet onto-epistemologi innebär att beakta att själva forskningsprocessen alltid formar och omformar, producerar men också reproducerar det studerade fenomenet på specifika sätt. Ett fenomen existerar inte oberoende av hur forskaren väljer att studera det utan samskapas i relation till själva utforskandet av det. Det studerade fenomenet är således alltid tätt sammanvävt med hur det studeras och kan beskrivas med begreppet forskningsapparat.

Vad är då en apparat? Innan vi går vidare med och redogör för apparatens betydelse för forskningsprocessen stannar vi en stund vid hur detta begrepp har skrivits fram inom posthumanismen. Det finns en rad begrepp inom det posthumanistiska fältet som är besläktade med apparat- eller apparaturbegreppet, till exempel nätverk, assemblage och rhizom. Ett visst problem med dessa ord är att de formas som substantiv. Det kan då framstå som att apparaten är ett ting eller en plats som finns utplacerad någonstans dit till exempel forskaren kan ta sig för att undersöka ett visst fenomen. Apparat ska i en postkvalitativ metodologi i stället förstås som ett verb – ett görande, men samtidigt något som görs (Gunnarsson, 2015). Utifrån Barads teori om agentisk realism har apparaten inga fasta gränser och den finns inte utplacerad i världen som ett enhetligt ting utan är en materiell-diskursiv sammansättning av och med världen. Barad (2007, s. 146) beskriver detta som att apparaten blir ”boundary-making practices that are formative of matter and meaning, productive of, and part of the phenomena produced”. Så påvisar Barad apparatens betydelse för hur såväl fenomen som verklighet blir till. Apparaten blir del av att producera men är också i en ömsesidig relation producerad av det fenomen som beforskas. Detta sker genom dess samtidigt sammankopplande och gränsdragande funktioner.

För att kunna studera fenomen innebär forskningsprocessen ett görande av avgränsningar och definitioner. Här kan finnas en forskningsmässig nödvändighet av att skapa en åtskillnad av fenomen där gränser och egenskaper tillfälligt bestäms. Detta bygger på Barads (2007) antagande om *agentiska snitt* (eng. agential cuts). Snitten blir del av att producera specifika versioner av det som studeras genom en tillfällig fastlåsning. De agentiska snitten formeras i och genom forskningsapparaten som gör att vissa fenomen blir mer centrala genom uteslutande av andra. Snitten är alltid provisoriska och innebär teoretiska och metodologiska begränsningar som också medskapar de frågor och forskningsobjekt som produceras. Det agentiska snittet bestäms i och genom forskningsapparaten och gör att vissa fenomen blir meningsfulla genom uteslutande av andra. Detta är något som Barad (2007, s. 381) beskriver som att apparaten är del av att "cutting together apart". Ett exempel på hur agentiska snitt kan fungera i en forskningsapparat kommer från Linnea Bodéns (2016, s. 28) avhandling. Där beskriver hon hur urvalet av tidigare forskning kan förstås som en avgränsning, men också som något som skapar nya förståelser. Om urvalet av tidigare studier förstås som ett agentiskt snitt i och bland all den tidigare forskning som finns, blir det också tydligt hur forskningsfält som tidigare inte sammanförts – i Bodéns fall forskning om skolfrånvaro och forskning om digitala verktyg i skolan – skapar nya versioner av fenomenet skolfrånvaro. Detta blir ett exempel på hur forskningsprocessen i relation med apparaten blir del i ett myller av att repetera och luckra upp mening och materialitet för att ta isär och sätta ihop till ett någorlunda begripligt fenomen (Ceder & Gunnarsson, 2018). Apparaten visar på så sätt hur forskningspraktiken både formar och formas av det som undersöks genom forskningsmässiga snitt. Till exempel kan detta ske i analysarbetet där snitt görs i det empiriska materialet. Carol A. Taylor (2013) beskriver hur hon i analysen gör ett utsnitt av en specifik relation mellan en elevs kropp och en stol vilket skapar gränsdragningar mot andra delaktiga aktörer. Snittet skapar kunskap om hur vissa fenomen formas och stabiliseras men samtidigt utesluts andra (se Gunnarsson, 2015). Vad som är viktigt att betona är att dessa snitt och gränser aldrig är neutrala eller oskyldiga. Snitten i sig formar verklighetsskapande effekter som forskaren är delaktig i och också ansvarig för (Haraway, 2008a). Detta diskuterar vi vidare i nästa kapitel om forskningsetik.

Ytterligare ett svar på frågan om hur begreppet forskningsapparat kan hjälpa oss att förstå forskningsprocessen är att begreppet visar hur de val och ställningstaganden som görs aldrig är neutrala. De urval som görs och de beslut som tas påverkar hur det studerade fenomenet produceras. Vissa metodologier kommer att möjliggöra och förstärka vissa specifika versioner av det studerade fenomenet, medan andra versioner tonas ned eller omöjliggörs (jfr Law & Urry, 2004). Definitioner, distinktioner och beslut kring vad som ska inkluderas och exkluderas i forskningsapparaten kommer alltså påverka hur det studerade fenomenet blir till och görs. Vad som skulle kunna förstås som en produktion av kunskap *om* det studerade fenomenet, blir också ofrånkomligen en produktion *av* fenomenet. Apparaten, och det snitt som den medverkar till, blir delaktiga i att göra så att fenomenet hålls samman och avgränsas.

Hur kan då begreppen forskningsapparat och snitt hjälpa oss att förstå forskningsprocessen i postkvalitativa metodologier och vad det innebär det att jobba postkvalitativt? Ett svar på denna fråga är att begreppet synliggör hur det fenomen som studeras hela tiden skapas i relation till forskningsprocessen alla delar. Formulering av syfte och frågeställningar, val av teoretiska perspektiv och begrepp, urval och beskrivning av tidigare forskning, de empiriska metoder som sätts i arbete, de forskningsdeltagare – både människor och icke-människor – som medverkar, samt hur vi som forskare berör det vi studerar blir alla delar som är lika viktiga i kunskapsproduktionen. Samtidigt blir de till delar som utgör studiens forskningsapparat. Inom posthumanistisk forskning har intresse riktats mot hur materialiteter och människor i samhandlande blir agentiska. Att detta blir en utgångspunkt för studien erbjuder specifika följder och ger specifika effekter för forskningsprocessen. Det kan exempelvis innebära att syfte och frågeställningar lyfter fram snarare än tonar ned materialiteters betydelse, vilket innebär att forskarens uppmärksamhet i det empiriska arbetet riktas mot tillfällen då samverkan mellan materialiteter och människor blir särskilt framträdande. Detta kommer i sin tur påverka de analyser som görs, vilket i sin tur också påverkar hur själva det studerade fenomenet konstitueras. Detta handlar inte om att på ett förutbestämt sätt hävda att forskarens intentioner redan på förhand avgör vad som blir möjligt att säga. Snarare handlar det om att visa att forskningens alla delar hela tiden samverkar med kunskapsproduktionen. Om forskaren inte redan från början hade varit intresserad av samhandlandet mellan materialiteter och människor hade analyser av detta samhandlande blivit svårare att genomföra, eftersom det empiriska arbetet och de empiriska material som producerats inte hade innehållit någon information om just dessa samhandlingar. Det studerade fenomenet är alltså inte något som existerar ”i sig självt”, utan uppkommer eller blir till i en oavbruten relation till den konstruerade forskningsapparaten. Men det manifesterar sig också *tillfälligt* och i relation till den konstruerade forskningsapparaten eftersom manifestationen kunde ha sett annorlunda ut.

För att sammanfatta begreppet forskningsapparat menar vi att det blir ett begrepp som hjälper oss att förstå två sammanhängande principer i det postkvalitativa arbetet: dels att det som studeras produceras genom hela forskningsprocessen snarare än existerar som något som kan ”upptäckas” under forskningsprocessen, dels att forskningsprocessens olika delar hela tiden producerar en viss kunskap. Att tänka sig att forskningens alla delar hänger samman i en forskningsapparat får även konsekvenser för utformandet av studiens forskningsproblem. Hur ett forskningsproblem kan skapas i arbetet med postkvalitativ metodologi kommer vi därför nu att titta närmare på.

Att formulera forskningsproblem och forskningsfrågor

För att en forskningsstudie ska vara relevant är det viktigt att arbeta med ett aktuellt, spännande och undersökningsbart forskningsproblem. Att besvara frågan vad som är forskningsstudiens huvudsakliga problem är dock långt ifrån enkelt och här vill vi börja med att ställa frågan om vad ett forskningsproblem är. Ett forskningsproblem kan kort beskrivas som det som driver själva forskningen framåt. Problemet kan till exempel ta sin utgångspunkt i ett aktuellt samhällsproblem eller i olika politiska förändringar i styrdokument. Det kan också ta sin utgångspunkt i tidigare forskning, antingen för att bygga vidare på eller problematisera denna, eller för att det helt enkelt saknas tidigare forskning om problemet som forskaren intresserar sig för. Oavsett vad problemet formuleras i relation till, ingår det att redogöra för den tidigare forskning som gjorts om det aktuella problemet och visa hur föreliggande studie bidrar till ytterligare kunskap inom området.

Frågan om vad forskningsproblemet är och vad det ska göra för en studie kan besvaras på lite olika sätt. Vissa forskare beskriver forskningsproblemet som en gåta eller mysterium att utforska och lösa (Hjort, 2016). Andra beskriver problemet som ”aktivt, kunskapssökande och med agentiska möjligheter” (Magnusson, 2017, s. 17). Dessa förståelser av vad som formar ett forskningsproblem skiljer sig något från mer klassiska beskrivningar som ofta fokuserar på att forskningsproblemet utgörs av en eller flera frågor som är viktiga att besvara för att få ny eller fördjupad kunskap i ett område. Vi menar att forskningsstudier som arbetar med postkvalitativa metodologier har potentialen att formulera problem och frågor som är samtidigt teori- och empiridrivna och samtidigt relevanta för både forskningspraktiker och till exempel utbildningspraktiker. Det innebär att forskningsproblemet kan innefatta teoriutvecklande aspekter *och* utmaningar som väckts i och tillsammans med den praktik som utforskas. Dessa två syften med en studie – låt oss kalla dem olika ”spår”– hänger samman på en mängd sätt. För att tydliggöra dem har vi valt att beskriva dem var och en för sig.

Det första och teoriutvecklande spåret, som framför allt har uppstått i en nordamerikansk kontext med tongivande forskare som St. Pierre, menar att problemet främst ska ta form tillsammans och genom teori. Bland annat menar St. Pierre (2018) att forskaren måste ställa metodologin åt sidan och ägna sig åt att läsa, läsa och åter läsa, exempelvis filosofi, teori och vetenskapshistoria, för att finna begrepp som kan hjälpa till att omforma tänkandet. En konsekvens av detta blir att forskningen inte ska börja i ett forskningsproblem, utan måste börja i vad St. Pierre (2019) beskriver som ett möte mellan teori och filosofi. Forskaren kommer i detta möte göra-tänka-känna något, och om inte detta fungerar kommer forskaren förändras och därigenom göra-tänka-känna något annat. Detta sätt att skapa forskningsproblemet, genom att *inte* skapa något forskningsproblem, utan att göra och tänka tillsammans med teori, blir grunden i det postkvalitativa anspråk som St. Pierre skriver fram. Samtidigt betonar hon att just detta göra-tänka-känna tillsammans med teori är det som möjliggör konkret och praktiskt experimenterande för att åstadkomma något nytt och inte enbart upprepa det gamla och redan kända.

Sammanvävandet av teori och praktik återfinns också i vad vi ser som ett andra spår inom postkvalitativ metodologi i skapandet av forskningsproblem. Detta spår är starkt i en europeisk utbildningsvetenskaplig feministisk kontext med forskare som Hillevi Lenz Taguchi, Jessica Ringrose, Emma Renold och Gabrielle Ivinson. Här är ansatsen att börja i det konkreta och praktiknära för att på så sätt kunna formulera forskningsproblem *tillsammans med* dem som problemet berör. Det handlar alltså om att

> genomföra forskning som iscensätter ett aktivt samarbete med de aktörer som forskningen berör, med syfte att aktivt omskapa verkligheterna för dessa aktörer på ett så produktivt sätt som möjligt utan på förhand bestämda målsättningar (Lenz Taguchi, 2017, s. 173 ff.).

Inspirerad av bland andra Isabelle Stengers (2005a; 2008) handlar det om att göra forskning tillsammans med de som forskningen på olika sätt omfattar. Susan Naomi Nordstrom (2018) beskriver hur hon närmade sig ett forskningsprojekt med ambitionen att arbeta ”in the middle”, i mitten och i blivandet. Inte ovanifrån eller utifrån, och inte heller vid en början eller ett slut, utan mitt i komplexa göranden. Nordstrom (2018) beskriver detta sätt att arbeta metodologiskt som en ”antimetodologi”. Den är en antimetodologi genom att den inte kan bli replikerad eller överförd till en annan studie, utan innebär att i varje studie formas metodologin i relation till de frågor och problem som blir till. Denna ambition ger också särskilda anspråk på problemet och forskningsfrågan. Det innebär att forskningsproblemet inte enbart kan formuleras i och genom teori, utan att forskningen måste börja i ett problem som berör och låter forskningen beröra. På så vis blir formuleringen av forskningsproblem alltid nära sammankopplad med etiska överväganden.

Som författare till denna bok har vi framför allt arbetat utifrån det spår som betonar att forskningsproblemet tar form tillsammans med de praktiker som studeras, dels i vår forskning, dels när vi beskriver postkvalitativ metodologi. Det innebär att vi i denna bok till viss del skiljer oss från hur bland andra St. Pierre skrivit fram postkvalitativ metodologi genom att vi väljer att betona vikten av just detta kollaborativa skapande av forskningsproblem. För oss handlar postkvalitativa metodologier framför allt om att öppna upp för möjligheten att hitta en ömsesidig problemställning som kan rymma en mångfald av frågor som skapas i möten och samarbeten. Även om de frågor som väcks i relation till det gemensamma forskningsproblemet (jfr Aronsson, 2018; Lenz Taguchi, 2017; Gunnarsson, 2018b) ibland är väldigt olika bland de som gemensamt berörs av problemet, blir fokus på att försöka härbärgera att skilda frågor eller verkligheter kan samexistera och verka i sammanvävda praktiker (Mol, 2002). Detta kopplar tillbaka till det vi ovan har beskrivit om forskningsapparaten och hur det empiriska arbetet inte enbart är en fråga om metodologi, utan i allra högsta grad också är en fråga om teori och ontologi. Dessutom innebär det ett erkännande av att detta sätt att producera kunskap – denna epistemologiska praktik – alltid enbart är en i mängden av olika tillvägagångssätt med specifika utmaningar och möjligheter.

Efter att vi nu diskuterat hur en studies forskningsproblem kan förstås och formuleras ska vi närma oss forskningsfrågan. Här ska vi visa på några olika typer av frågor som har ställts i forskning med en postkvalitativ metodologi. Detta är något som vi kommer återkomma till i kapitel fem, om analysmetoder, men vi lyfter i detta kapitel frågorna på ett mer övergripande plan. Det vi vill betona här är hur problem, syfte och forskningsfråga är tätt sammanlänkade med studiens teoretiska och metodologiska hållning. Syfte och frågor ska vara färgade av, och formuleras så att de är koherenta med, studiens antaganden om kunskap och verklighet. För att bli något mer tydliga så är återkommande frågor i studier med en postkvalitativ metodologi inriktade på hur praktiker och händelser tar form i relation till diskursiva, materiella och affektiva aspekter. Det kan ske med frågor om vad som produceras i en viss praktik, hur ett visst fenomen eller en viss figuration görs och vilka effekter detta görande producerar. Här är det centralt att komma ihåg att detta sker i en ömsesidig och samtidig process. Ett fenomen, en plats, ett ting eller en kropp både formar verkligheten och formas i relation till syfte och frågor i en samtidig process (Gunnarsson, 2017). Vidare innebär detta att forskningsfrågorna inte har som ansats att enbart förklara ett fenomen utan också att undersöka hur det som studeras görs, blir till eller produceras.

I arbetet med postkvalitativ metodologi blir begreppen *fenomen* och *figurationer* viktiga aspekter att undersöka och ställa frågor om. Därför kommer vi här att stanna till vid dessa två teoretiskt färgade begrepp. Detta gör vi eftersom de har betydelse för forskningsprocessen, dess frågor och undersökningsobjekt. Begreppen ligger nära varandra i innebörd och erbjuder framkomliga vägar för att inkludera det temporära, rörliga och sammankopplade. Vi som författare till denna bok har i våra respektive tidigare forskningsprojekt undersökt just vad vi formulerar som fenomen och figurationer och kommer nedan beskriva hur vi arbetat med dessa begrepp.

Fenomenet skolfrånvaro som forskningsproblem

I Linnea Bodéns avhandlingsprojekt undersöktes skolfrånvaro som ett specifikt fenomen. Frågan som guidade projektet var hur fenomenet skolfrånvaro produceras sammankopplat med bland annat de digitala system som används för frånvaro- och närvaroregistrering i svensk grundskola. Dessa digitala system har de senaste decennierna fått en genomgripande spridning i svenska kommuner och skolor och har en stor inverkan på dokumentationen av elevers frånvaro och närvaro. Fokus i Bodéns avhandling var således inte att undersöka *om* de digitala systemen var betydelsefulla i relation till elevers frånvaro, utan *hur* de blev betydelsefulla i relationer med lärare, elever, föräldrar, scheman, skolmiljöer och så vidare. Med Barads utvidgade förståelse av begreppet fenomen, där ett fenomen alltid är det som uppstår som en följd av omöjligheten att skilja objektet från hur, och med hjälp av vad, det studeras (Barad, 2007), blev även studiens teoretiska och metodologiska utgångspunkter väsentliga i skapandet och återskapandet av skolfrånvaro. Objektet för studien blev alltså både skolfrånvaro och digitala system. Utifrån detta formulerades syfte som ”att undersöka hur skolfrånvaro som materiellt-diskursivt fenomen produceras i mänskliga/

icke-mänskliga praktiker när frånvaro och närvaro hanteras och registreras med hjälp av digitala system" (Bodén, 2016 s. 81). Frågeställningarna kom även de att fokusera på skolfrånvaro som fenomen: "Hur produceras fenomenet skolfrånvaro när elevers frånvaro och närvaro registreras digitalt?" och "Hur framträder fenomenet skolfrånvaro när människor såväl som icke-människor inkluderas i kunskapsproduktionen?" (Bodén, 2016, s. 81).

Genom att beforska skolfrånvaro som ett fenomen utvidgades studien till att omfatta även det oväntade, där inte enbart människors agentskap stod i fokus. Vilka frågor som ställdes och hur dessa ställdes – vad som kom att sammanvävas med skolfrånvaro och vad som kom att avgränsas från skolfrånvaro – var helt avgörande för kunskapsproduktionen. Definitioner, distinktioner och beslut kring vad som skulle inkluderas och exkluderas i forskningsprocessen påverkade alltså hur skolfrånvaron producerades i studien. Vad som skulle kunna förstås som en produktion av kunskap *om* skolfrånvaro, blev ofrånkomligen också en produktion *av* skolfrånvaro. Vad som lades vikt vid i dessa sammanvävningar producerade fenomenet skolfrånvaro på helt olika sätt. Genom detta blev det tydligt att fenomenet skolfrånvaro inte var något som existerade "i sig självt", utan visade sig tillfälligt, och samtidigt ständigt, i relation till den konstruerade forskningsapparaten. För att beskriva denna process formar Bodén begreppet "skolfrånvarogörande". Begreppet ger möjlighet att förstå skolfrånvaro som ett verb och förflyttar fokus från individuella elever och neutral teknik till pågående göranden och konstruktioner av fenomenet skolfrånvaro. Då blir det tydligt att frånvaro på en dataskärm aldrig kommer vara ett betydelselöst kryss i en ruta, utan ha faktiska materiella konsekvenser som påverkar både elevers och lärares skolvardag.

Figurationer av hälsa som forskningsproblem

I Karin Gunnarssons avhandling var syftet att undersöka hur hälsa produceras som olika figurationer i skolors hälsofrämjande arbete. Figurationer beskrivs av Haraway (2008a) som sociomateriella noder. De består av komplexa sammankopplingar och formar specifika gestalter eller figurer. Styrkan med begreppet är att det visar på dels stabiliseringar och kontinuitet, dels förändring och tillblivelse. Figurationer ger därmed möjlighet att uppmärksamma det rörliga och motsägelsefulla genom att sätta fokus på de göranden som formar något till en viss gestalt. Inte som fasta eller slutgiltiga formanden utan som temporära stabiliseringar. Detta sker genom en process där relationer och sammankopplingar skapar en tillfällig "figurativt gestaltad form" (Lykke, 2009, s. 48). Figurationen ska inte förstås som en metafor eller representation utan är en levd realitet där kroppar och betydelser blir till. Den innefattar det begränsande och restriktiva, men också potentialitet i dess dynamiska och tillfälliga karaktär (Haraway, 1997, s. 12).

Genom begreppet figuration blev det möjligt att undersöka hälsa som något rörligt och mångskiftande. Samtidigt blev det möjligt att utmana hur figurationer av hälsa produceras och hur olika versioner av hälsa görs samtidigt. Syftet med studien var formulerat som "att undersöka effekterna av dessa figurationer, vad de i sin tur möjliggör och producerar i en sammanvävd materiell-diskursiv relation" (Gunnarsson, 2015, s. 21). Utifrån studiens syften formulerades två forskningsfrågor. För det första hur figurationer av hälsa producerades och för det andra vad de figurationer som spårades blev delaktiga i att producera. Med dessa frågor spårades fyra olika figurationer av hälsa. I relation till studiens forskningsapparat blev dessa fyra figurationer särskilt stabila och kraftfulla. De olika figurationerna av hälsa kan dock inte förstås som separata. De gick i och ur varandra, sammankopplades och blev till genom den apparat där de var aktiva. Begreppet figuration formade på så vis en möjlig väg för att undersöka och beskriva den mångfald av sammankopplade komponenter som hälsa formar och formas av i några samtida skolpraktiker. Vad som framkom genom spårningen av figurationer var hur de bestod av och samtidigt skapade olika och ibland motstridiga logiker. Det producerades en logik som centrerar och lägger ansvaret för (o)hälsa på hur individen hanterar och kontrollerar tankar och känslor. Denna logik gjorde individen till den enda aktiva aktören medan miljön – såsom rummets utformning, texter och ting – åsidosattes. Samtidigt producerades en annan logik där hälsa framstod som sammankopplad med en mångfald av aktörer genom händelser där rum, ting och kroppar blev aktiva på sätt som inte gick att förutse eller kontrollera. För att ge utrymme för dessa olika logiker föreslog Gunnarsson en femte figuration, en figuration som ofta har varit dold i de undersökta praktikerna, men som tog form genom en växelverkan mellan nuets realitet och möjliga omformningar. I den skedde en sammanvävning av det personliga och det kollektiva. Den strävade efter att inte förbise en mänsklig kropp men samtidigt utgå från ett komplext och ömsesidigt beroende. Denna figuration kom att benämnas hälsa som omsorg.

Både begreppet fenomen och begreppet figuration förstås som ingångar till att formulera forskningsproblem, men också forskningsfrågor. Dessa begrepp möjliggör att fokusera på olika aspekter av det som studeras och tillsammans med dem formas specifika möjligheter att producera kunskap. Viktigt att tillägga här är att dessa språkliga begrepp inte kan ses som separata enheter. Begreppen är delaktiga i att producera och omvandla varandra, det empiriska materialet och forskaren i den forskningsapparat som vi är situerade inom. Ytterligare aspekter av hur forskaren förstås i relation till postkvalitativ metodologi diskuteras i följande avsnitt.

Vem blir forskaren?

Som en ytterligare övergripande aspekt av forskningsprocessen riktar vi nu uppmärksamheten mot forskarrollen och frågar vilken forskarroll som uppstår i arbetet med postkvalitativ metodologi. Denna fråga är aktuell i all forskning och blir här accentuerad genom den postkvalitativa metodologins ambition att uppmärksamma och utmana en antropocentrisk hållning. Att utmana en antropocentrisk hållning innebär, så som redogjordes för i bokens första kapitel, att synliggöra hur det som förstås som det kulturella och mänskliga återkommande ges företräde i relation till det som förstås som det materiella och icke-mänskliga (Ceder & Gunnarsson, 2018). Att utmana en antropocentrism medför en inbyggd paradox i relation till forskarrollen. Trots ambitionen om att utmana att människan sätts i centrum är det svårt att undgå forskarens oundvikligt mänskliga position. Det innebär bland att det är med ett mänskligt språk som forskning sammanställs. Samtidigt vill vi mena att det är möjligt att inkludera fler aspekter och att det har en stor betydelse att granska vad forskarens position som människa blir medskapare av. Detta är en av de stora utmaningarna med posthumanistisk och postkvalitativ forskning (ibid.).

Den postkvalitativa metodologin arbetar utifrån antagandet att det inte går att betrakta något utan att samtidigt beröra och vara medskapare av det. Vi beskrev detta inledningsvis som en sammanvävd relation mellan varande och vetande. Detta är något som Barad (2003, s. 829) uttrycker genom att mena att "we do not obtain knowledge by standing outside the world; we know because 'we' are *of* the world". Vad kan ett sådant antagande innebära för forskarrollen och vem forskaren blir i arbetet med kunskapsproduktion? Mol (2002) beskriver det som att forskaren inte kan sträva efter att lämna verkligheten oberörd eftersom det inte finns någon verklighet som väntar på att bli utforskad. På så vis formas en forskarroll som varken styr eller konstruerar, utan som är del av relationer och göranden. Detta innebär att det ibland förekommer autoetnografiska inslag i postkvalitativa studier, där forskarens upplevelser av att befinna sig i forskningen blir en del av kunskapsproduktionen. Genom forskarens deltagande, som kan innebära att observera, lyssna, känna och göra, berör forskaren praktiken och samtidigt blir forskaren berörd av den, förändrad och samskapad (jfr Gunnarsson, 2015; 2017). Att delta som forskare har således en mängd implikationer. Det blir därför viktigt att återkommande fråga *hur* forskaren deltar, förändras och engageras i och för kunskapandet av en viss praktik eller fenomen. När Gunnarsson (2015; 2017) studerade och deltog i skolors hälsofrämjande arbete genomförde hon de övningar som ingick. I klassrummet och tillsammans med eleverna innebar deltagandet att inte endast studera det som skedde utan att också göra uppgifterna. Utifrån detta synsätt på forskarrollen blev det en ytterligare dimension i kunskapandet att ta i beaktande hur hon reagerade, kroppsligt och affektivt, genom deltagandet i den undersökta praktiken. I likhet med detta skapades specifika villkor för Bodéns roll som forskare i en studie om förskolebarns deltagande i forskning (se exempelvis Bodén, 2019). För att undersöka barns upplevelser av att delta i forskningens olika praktiker jobbade Bodén med en blandning av vetenskapliga metoder och metoder inspirerade av förskolans pedagogiska arbetssätt. Detta ledde till att ny och ibland oväntad kunskap uppstod om barns upplevelser av att exempelvis delta i EEG-mätningar och att ha på sig en ”mössa” med elektroder för att registrera hjärnvågor. Men det ledde också till att etiska frågor väcktes, där det ibland – både för barn och för forskare – uppstod en osäkerhet kring vad forskarens roll egentligen var. Var hon en pedagog? En vuxen ”kompis” att leka och utforska med? Eller som ett femårigt barn frågade Bodén under ett av samarbetena: ”Är det här ditt jobb?” (Bodén, 2019, s. 273).

Haraway (2004) menar att forskning handlar om att vara i riskzonen. Risken inbegriper att forskaren blir till i de möten och händelser som uppstår och blir ”finite and dirty, not transcendent and clean” (Haraway, 2004, s. 236). Uppkopplad med en mängd olika aktörer eller praktiker (teorier, empiri, tidigare forskning osv.) blir forskaren, i likhet med alla andra, en performativ aktör (Gunnarsson, 2017). Här formas således en specifik forskarroll som innebär en strävan efter att överbrygga uppdelningar mellan det som studeras, den som blir studerad och den som studerar (Verran, 2014). Samtidigt som forskaren formas i och genom deltagande och samskapande är hen enbart en aktör bland många andra. Det skapar en spänning där forskaren samtidigt blir aktiv och passiv, närvarande och frånvarande. Forskarrollen formas på så vis i relation till två olika men sammanvävda ansatser. Dels en ansats där forskarrollen blir central i betydelsen av att uppmärksamma hur forskaren blir till, förändras och förändrar det som studeras. Dels en ansats där forskarrollen blir del i ett samarbete och deltagande tillsammans med det som utforskas och de aktörer som ingår.

Kvalitetskriterier: objektivitet och validitet

Frågor om vetenskaplig kvalitet är centrala för en forskningsstudies metodologiska ansats. En viktig aspekt av den vetenskapliga kvaliteten är studiens tillförlitlighet. I en tid då fakta och kunskap allt som oftast ifrågasätts är det av stor vikt att kunna säkerställa att en studie är utförd på ett solitt och systematiskt sätt. De kvalitetskrav som Vetenskapsrådet (2017, s. 16) formulerar är stringens, originalitet, extern och intern validitet, precision och etik. Dessa begrepp stämmer till stor del överens med kvalitetskriterier i postkvalitativ metodologi, men de får här specifika innebörder. I linje med vad Vetenskapsrådet skriver tillämpas alltså begreppen på olika sätt i relation till en studies metodologiska ansats.

Inom postkvalitativ metodologi har frågor om objektivitet, validitet och kvalitet diskuterats under en lång tid. Redan på 1980-talet problematiserade Haraway tillsammans med andra feministiska forskare kriterier för objektiv kunskap. Med utgångspunkt i, och kritik mot, feministisk empirism och socialkonstruktionism diskuterar Haraway (2008b) vetenskapsteori med fokus på begreppet objektivitet och vad som räknas som kunskap. I denna kritik diskuterar Haraway hur socialkonstruktionismen formar en relativistisk kunskapssyn. Världen eller verkligheten framstår då som kod eller språk, menar Haraway, och skildras som kulturens råmaterial som förslavas av människa och diskurs. Haraway problematiserar detta och menar att världen inte består av råmaterial som ska bli upptäckt, utan blir till eller produceras i ett materiellt-semiotiskt samspel där forskningsobjekten blir till genom gränsdragande praktiker (Haraway, 2008b). Vad Haraway (2008b) förespråkar är en förkroppsligad och feministisk objektivitet som bygger på "situerad kunskap" utifrån begränsade platser. Begreppet "situerad kunskap" menar Haraway kan utmana den traditionella synen på objektiv kunskap som utgår från ett seende ovanifrån, från ingenstans. Som ett alternativt objektivitetsbegrepp betonas med situerad kunskap att allt kunskapande utgår från en lokalisering, position och situationsbestämning. Det handlar inte om "en fixerad belägenhet i en förtingad kropp, kvinnlig eller annan, utan om noder i fält, modulationer i orienteringar" (Haraway, 2008b, s. 239). Forskarens specifika och tillfälliga situering har alltid en partiell och lokaliserad tillgång till det som studeras vilket formar ett ansvar kring att hitta synvinklar som inte är kända i förväg. Här blir partiskheten framträdande och tydlig vilket enligt Haraway (2008b) skapar möjlighet till överraskningar och ett större seende. Målet är inte att nå en ny sanning, utan att ständigt utmana de maktrelationer som uppstår genom och i forskning. Slutpunkten är inte någon form av universalitet utan i stället en partisk, temporär och situerad kunskap där kunskapsobjektet är aktör i samma grad som forskaren (Haraway, 2008b). Kunskapens värde ligger då i "den relation och det konstituerande möte som ett partiellt, subjektivt och situerat perspektiv medför" (Aronsson, 2019, s. 24).

Nästa begrepp som vi vill belysa och som återkommande beskriver en studies kvalitet är validitet. Validitet i kvalitativa studier brukar oftast beskrivas som huruvida forskaren "mäter" det som avsetts att mäta, det vill säga om det empiriska materialet faktiskt möjliggör svar på studiens forskningsfrågor (Cohen, Manion & Morrison, 2018). Patti Lather (2007) diskuterar begreppet validitet och hur vi kan formulera giltighetsprinciper som är öppna och kontextkänsliga. Hon problematiserar att det inom kvalitativ forskning finns en upptagenhet av begreppet validitet och betonar att det inte handlar om att undersöka "strängare" eller mer nära. Vad Lather föreslår är i stället ett kvalitetsbegrepp med fokus på hur den metodologiska praktiken görs och beskrivs. Det handlar således om att konstruera en forskningsapparat som gör det möjligt att konkret, tydligt och så genomskinligt som möjligt beskriva hur kunskapen producerats. Detta kan ses som att ett avsnitt om metod inte avser att försäkra säkra resultat, utan att visa hur forskningstekniken har uppstått och vart den kan leda (Mann, m.fl., 2011). Det vetenskapliga bidraget handlar då inte enbart om validerad kunskap, utan också om nytänkande och originalitet, om ett utforskande av sammankopplingar och göranden som inte tidigare har påvisats – sammankopplingar som kan ge förändrade perspektiv eller handlingar (jfr Gustafsson & Hagström, 2016). Detta kan också kopplas till Vetenskapsrådets (2017, s. 25) framskrivning där fantasi, kreativitet och nyskapande också ses som kvalitetskriterier i forskning.

När kunskap ses som kreativt och experimentellt skapande, men också som performativ – som medskapad och samtidigt medskapare av det som studeras – måste frågor om det sanna eller falska hanteras på annorlunda sätt. Braidotti (2019) betonar att en posthumanistisk metodologisk hållning inte är relativistisk, utan framhåller det rörliga och multi-riktade som ett kvalitetskriterium och förhållningssätt. Hon formulerar ett antal kriterier för att betona den kvalitativa förändring av metodologiska ingångar som skapas i arbetet med posthumanistisk teori. Centralt för dessa kriterier är att kombinera kritik med kreativitet genom ett etiskt ansvarstagande och att förfrämliga det familjära genom att sätta fokus på paradoxer, motsägelser och spänningar (Braidotti, 2019). Det gäller alltså att navigera i det som är "non-linear, but not chaotic; nomadic, yet accountable and committed;

creative but also cognitively valid; discursive and also materially embedded – it is coherent without falling into instrumental rationality" (Braidotti, 2006, s. 5).

Avslutningsvis

I detta kapitel har vi lyft några övergripande aspekter av forskningsprocessen. Även om dessa aspekter kanske inte alltid är så påtagliga i det vardagliga arbetet med forskning menar vi att de skapar specifika förutsättningar för hur forskning kan bedrivas. Centralt i kapitlet är utgångspunkten att forskningsapparaten är delaktig i att skapa snitt och sammankopplingar som ger effekter för det som studeras och för de forskningsproblem som formuleras. Med en postkvalitativ forskningsansats krävs en utförlig redogörelse och diskussion kring de olika metodologiska valen och tillvägagångssätten som gjorts i den specifika studien. Det gör att det avsnitt i forskningsstudier eller artiklar som betecknas som "det metodologiska" ofta blir långt och omfattande. I många fall blir detta nödvändigt eftersom det utgör en grund för att säkerställa studiens vetenskaplighet. Många artiklar med utgångspunkt i posthumanistiska teorier skrivs också med metodologi som huvudfokus. Dessutom blir den text som redogör för metodologiska överväganden även del av analysen och ska inte förringas till förarbete eller bihang till en studies huvudsakliga bidrag. Metoden blir lika mycket ett kunskapsbidrag som analysen eller det som får beteckningen resultat. Detta innebär att specifika kvalitetskriterier behöver diskuteras, vilket lyfts fram i kapitlet.

Vi har i kapitlet också diskuterat forskarens delaktighet i forskningsapparaten. Vi som forskare är alltid delaktiga och berör alla delar i forskningsprocessen vilket skapar specifika förutsättningar för hur forskarrollen kan förstås i postkvalitativ metodologi. Denna "forskarcentrering," som i sin natur också blir en människocentrering, skapar en paradox i relation till ambitionen om att utmana en dominerande antropocentrism. Det skapar också specifika etiska överväganden. Dessa överväganden diskuteras vidare i nästa kapitel.

Kapitel 3. Forskningsetik och etiska överväganden

Som vi har beskrivit i tidigare kapitel omfattar ett forskningsprojekt många överväganden och val om hur studien ska läggas upp och genomföras. Dessa val handlar ofta om etiska värden eller frågor som aktualiseras i forskningens många faser. Vi vill i detta kapitel belysa hur forskningsetiska frågor är inneboende och på så vis oundvikliga i utformandet av ett forskningsprojekt. Det innebär att forskningsetik är en central och viktig del i arbetet med att skapa kunskap. Vi förstår det som att etiken är del av hela forskningsprocessen, de frågor som ställs och den kunskap som produceras.

I detta kapitel kommer vi dels behandla de etiska riktlinjer som reglerar forskningsetiken, dels diskutera de ytterligare etiska aspekter som aktualiseras i arbetet med postkvalitativ metodologi. Med utgångspunkt i postkvalitativa metodologiska onto-epistemologiska antaganden kommer vi här att visa på några olika etiska frågor att ha med sig i forskningsarbetet. Den forskningsetiska diskussion som förs kan fungera som inspiration eller guide snarare än som anvisningar för de svåra etiska övervägan-den som forskning innebär.

Övergripande forskningsetiska aspekter

Forskningsetik rör, såsom hörs på ordet, etiska aspekter i genomförandet av forskning. Etik kan förstås som en teoretisk reflektion om hur vi ska handla samt argumentation kring förhållningssätt och värden (Salwén, 2017). Det ställer frågor om hur forskaren kan uppmärksamma och hantera etiskt svåra situationer och överväganden. De senaste åren har frågor kring forskningsetik och forskningsetiska riktlinjer accentuerats. Inom bland annat medicin har forskningsprojekt med klart oetiska förfaranden föranlett nya krav om stärkta riktlinjer (Helgesson, 2015). Även inom samhällsvetenskaplig och humanistisk forskning har etiska prövningar blivit allt vanligare i samband med ett nytt fokus samt stärkta lagar (se Prop 2018/19:165).

Som grund för forskningsetiska frågor och förfaranden har Vetenskapsrådet satt samman riktlinjer i texten *God forskningssed*. Där lyfts inledningsvis två olika men sammanvävda forskningsetiska aspekter. Dessa två forskningsetiska aspekter är dels forskningens konsekvenser för de som deltar i forskningen såväl som för samhället i stort, så kallad forskningsetik, dels forskningens vetenskapliga kvalitet och relation till andra forskare och forskarsamhället, så kallad forskaretik (Vetenskapsrådet, 2017). Dessa aspekter påvisar olika etiska värden som forskning måste värna. I relation till forskningens kvalitet och forskarsamhället ses bland annat noggrannhet, ärlighet och opartiskhet som viktiga värden. Här är frågor om vetenskaplig oredlighet såsom plagiat centrala (Vetenskapsrådet, 2017; Kalman & Lövgren, 2012). De värden som blir viktiga i relation till deltagare i forskning är människovärde, självbestämmande och integritet. Det innebär bland annat att deltagarna ska ha gett ett så kallat informerat samtycke till att delta i studien. Personerna som ingår i studien måste få utförlig information om vad det innebär att delta, hur materialet som produceras kommer att användas samt hur det kommer förvaras. Informationen ska vara förmedlad på ett sätt som gör det möjligt för de medverkande att kunna tillgodogöra sig den. Dessutom måste information finnas om att medverkan är frivillig och att det när som helst är möjligt för de medverkande att avbryta sin medverkan utan repressalier eller påtryckningar. Forskaren måste därutöver garantera att deltagarnas identitet är konfidentiell. Det innebär att namn byts ut mot pseudonymer och att nödvändiga åtgärder görs för att deltagarna inte ska kunna identifieras.

Principer eller koder behövs som en grundförutsättning för ett forskningsetiskt förfarande, men dessa är inte tillräckliga. Riktlinjer och prövningar garanterar inte ett forskningsetiskt förfarande (Lövgren, Kalman & Sauer, 2012). Med andra ord, etiska riktlinjer är nödvändiga, men samtidigt bristfälliga i att möta de komplexa processer och frågor som forskning inbegriper. Forskningen ska vara utformad med omsorg om deltagarna genom reflektion och bedömning av de risker som olika forskningsmetoder kan innebära och hur dessa risker kan undvikas och hanteras. I *God forskningssed* (Vetenskapsrådet, 2017) lyfts videoobservationer fram som speciellt utmärkande. Vetenskapsrådet menar att deltagare vid en videoinspelning måste få exakt information om vad som avses att analyseras, vilket skapar en spänning i relation till forskningens komplexa process. Det är sällan möjligt att på förhand beskriva exakt vad som kommer att bli fokus för en analys. Även om det finns inledande syften med studien förändras dessa ofta i relation till det som studeras. Det som blir intressant att undersöka vidare samskapas under själva forskningsprocessen och i relation till det empiriska materialet. Anna Palmer och Helena Pedersen (2017) skriver att det därför är omöjligt att förutse vilka etiska problem som kan uppstå i ett projekt. Etiska frågor tar form i de relationer och möten som sker genom hela projektet. Att forma ett tillvägagångssätt som fullständigt kan utesluta alla risker blir därav svårt, men de risker som uppstår måste hanteras varsamt och omsorgsfullt (Nyström, 2012). Trots forskningens oförutsägbarhet är det viktigt att inledningsvis uppmärksamma de olika risker och överväganden som forskningens upplägg kan komma att innebära. Därefter är det viktigt att de etiska frågorna blir aktiva genom hela forskningsprocessen.

Vad som kan konstateras är att frågorna kring forskningsetik är många, viktiga och svåra. Det beror bland annat på att forskningsetiken är dynamisk och föränderlig. Nya förutsättningar och frågor uppkommer ständigt eftersom forskningsetiken tar form i relation till de normer som råder vid den specifika tiden och platsen. Dessutom har forskning som uppgift att skapa nytänkande frågor, metoder och material vilket medför nya aspekter och problem som kräver nya forskningsetiska överväganden. Forskningens ständigt föränderliga kontext och process blir del av det forskningsetiska arbetet. I *God forskningssed* (Vetenskapsrådet, 2017) lyfts också de spänningar eller motsättningar som etiska frågor och värden alltid innefattar. En sådan spänning är hur det går att bedöma en studies kvalitet som en forskningsetisk aspekt, när kvalitet innebär såväl ordning och struktur som fantasi och nyskapande (Vetenskapsrådet, 2017, s. 25). Således lyfts betydelsen av explorativa studier där målet inte alltid är färdigt eller tydligt. Detta blir särskilt intressant i relation till postkvalitativ metodologi, där fantasi och kreativitet betonas och förespråkas. Här uppstår en spänning eller motstridighet mellan två forskningsetiska värden. Å ena sidan att forskningen är explorativ och nyskapande och å andra sidan att deltagarna i förväg kan få exakt information för att kunna ge ett informerat samtycke. Samtidigt menar vi att det är lika viktigt för studier som jobbar med postkvalitativ metodologi, som för studier som jobbar med andra metodologier, att ta hänsyn till övergripande forskningsetiska frågor. En öppenhet i relation till det oväntade behöver inte innebära att forskaren ska undvika standardiserade riktlinjer. Ett intresse för det *mikro-etiska* – det vill säga de etiska val, dilemman och spörsmål som sker i varje stund i ett forskningsprojekt – behöver inte heller betyda att det *makro-etiska* – det vill säga forskningens övergripande konsekvenser för både deltagare och forskarsamhälle – förstås som ointressant. Snarare blir det relevant att prata om *multi-etiska* perspektiv, där olika etiska aspekter läggs sida vid sida och förstås som lika betydelsefulla (se vidare Bodén, 2021).

Forskningsetik och postkvalitativ metodologi

Efter att ha inlett detta kapitel med en överblick av forskningsetikens övergripande syften kommer vi nu att närma oss de frågor och förhållningssätt som aktualiseras i relation till en postkvalitativ metodologi. Den postkvalitativa metodologin erbjuder vissa ytterligare och specifika aspekter i relation till forskningsetik. Framför allt handlar dessa aspekter om en förståelse för hur forskningsetiska överväganden är tätt sammanflätade med en studies teoretiska och metodologiska utgångspunkter. Med en postkvalitativ ansats går det inte att särskilja ett etiskt förhållningssätt från en studies syn på kunskap och världen.

I arbetet med postkvalitativ metodologi blir etiska aspekter något ständigt närvarande och måste hållas aktuella genom hela processen, i de ständiga gränsdragningar eller snitt som görs. Etik är en oundviklig aspekt i kunskapsproduktionen. Detta framkommer exempelvis genom Barads (2007, s. 185) sammansättning av begreppen ontologi och epistemologin med etik vilket skapar begreppet ”ethico-onto-epistem-ology”. Precis som begreppet visar är etiken inbyggd i kunskapsproduktionen och inte ett tillägg som ”kommer efter” (jfr Ceder, 2016). Att forskningen ses som medskapare av världen innebär ett ytterligare etiskt ansvar. Eftersom forskning oundvikligt förändrar och berör de som deltar formas ett åtagande eller ansvar kring det som sker. Det innebär att oavsett vilken forskningsmetod som används så sker något med såväl de praktiker som undersöks som med forskare och kunskapsproduktion. Den specifika forskningsapparaten och de val som görs under forskningsprocessen kommer alltid skapa en viss version av det studerade. En forskningsetisk aspekt blir då vilka *effekter* som uppstår i och genom forskningens utsnitt. Det är ingen enkel fråga och den har inga entydiga svar, men den är trots det viktig att ställa. Inte för att forma någon fullständig eller absolut bild, eftersom effekterna alltid är mångfaldiga och skiftande, utan som etiska överväganden i den metodologiska processen (Gunnarsson, 2015).

Ett etiskt ansvar är oundvikligt i alla relationer och således också i arbetet med forskning. Haraway (2004) formulerar det som att ett kollektivt åtagande är förutsättningen för kunskapsproducerande och världsbyggande praktiker. Detta sker med Haraways (2011, s. 198) ord genom ett *samblivande* som ”gör oss ansvarig, på oförutsägbara sätt, för de världar som tar form”. Ansvar, omsorg eller påverkan är inte etiska abstraktioner utan måste ses som något som alltid är närvarande i våra relationer och möten. Genom att ha med varandra att göra blir vi också ansvariga för varandra (Haraway, 2011, s. 36). När etiken ses som ständigt närvarande i alla relationer formas ett flertal etiska frågor och ett omfattande ansvar. Detta gör att ett postkvalitativt etiskt perspektiv erbjuder en specifik syn på etiskt ansvar – eller *an-svar*, att svara an – jämfört med mer subjektcentriska synsätt (Ceder & Gunnarsson, 2018). Ansvar blir då inte något en har eller tar utan ett pågående görande. Detta ansvar är dock inget enkelt utan tar tid och engagemang; det är begränsat men krävande. Det innebär att kreativt och noggrant skapa kunskap om vad som sker i en situation. Dessutom innebär det att brottas med det ordinära och ta till all uppmärksamhet för att skarpsinnigt och särskiljande skapa kunskap om de skeenden som uppstår (Haraway, 2011; Stengers, 2005). I forskningsarbetet kan det handla om att stanna upp vid vardagliga göranden. Med andra ord handlar det om att stanna upp vid *mikro-intensiteter*, för att studera de små men så betydelsefulla händelserna noggrant; hur de blir till, vilka effekter de ger och vilka aktörer som deltar (Gunnarsson, 2019b). Detta kräver också nyfikenhet, något som Haraway (2011) menar är en förpliktelse i forskning. På så vis formas ansvaret som en oavbruten lyhördhet för vilka världar som tar form och de verklighetsskapande konsekvenser som snitt och gränsdragningar producerar. Det handlar om ett samarbete där de som ingår i forskningspraktiken kan göra ”varandra tillgängliga för händelser” (Haraway, 2011, s. 191).

När en mänsklig aktör inte betraktas som ett isolerat subjekt för kunskapsproduktionen kan den inte heller betraktas som ett isolerat subjekt för etik. Etik och ansvar blir då något som inte går att hänvisa till enbart *en* person, eftersom det inte finns en enskild individ som är frånkopplad världen och hur världen skapas. Det är inte bara forskaren som berör och ingriper utan ansvaret blir utspritt, distribuerat och fragmentiserat. Trots det blir ansvaret större än om det vore en enskild och autonom aktör som hade ansvaret, eftersom det innebär en ständigt pågående lyhördhet för det som skapas (Barad, 2011). Att uppmärksamma ett distribuerat ansvar kan exempelvis göras genom att göra forskningens och skrivandets tillfälliga ”jag” närvarande. Det handlar då inte enbart om att tydliggöra vilken position forskaren skriver utifrån i avsnitt i studien som handlar om forskarrollen, utan att faktiskt uppmärksamma hur forskarens jag påverkar val av teorier, hur tidigare forskning skrivs fram, val av metoder och hur analysen till slut genomförs. På så vis kan det artikuleras att forskaren inte är distanserad från det som studeras utan delaktig och sammanflätad med det.

Att göra många berättelser och världar möjliga

I linje med den feministiska ansatsen i en postkvalitativ metodologi menar vi att det också finns ett forskningsetiskt ansvar att uppmärksamma och lyfta fram det som tidigare förståtts som perifert eller oviktigt i produktionen av kunskap. Enligt Claire Colebrook (2010) är det svårt eller omöjligt att uppfatta livet i all dess skillnad och tillblivelse. I stället är vi mestadels upptagna med att definiera och ordna enheter och ting. I linje med detta menar Lather och St. Pierre (2013) att forskaren alltid är sammankopplad med tradition och historia, men att en trots det har ett ansvar att ifrågasätta de normer och vanor som hindrar från att tänka och leva annorlunda. Således kommer forskningsetik i en postkvalitativ metodologi också att handla om att synliggöra vad som bjuds in och vad som utestängs i kunskapsproduktionen. Att agera etiskt handlar om att möjliggöra nya sammankopplingar och skapandet av nya verkligheter som också ifrågasätter det vi annars tar för givet (Bodén, 2016). Braidotti (2016) beskriver det som att etik handlar om att tänja gränserna för vad som kan bli till. Genom att skapa omsorgsfulla relationer och möten med en mångfald av mänskliga och icke-mänskliga deltagare ökar möjligheten till förändring (Gunnarsson, 2021).

Denna forskningsetik skapar möjligheter och skyldigheter för omarbetningar av materiella effekter, av det förflutna och av framtiden (Haraway, 2011). Frågor som forskaren måste ställa sig är vilka fenomen eller maktformationer som kan uppstå genom den teoretiska och metodologiska forskningsapparaten. Finns det utrymme för olika uttryck och relationer eller förstärks enbart existerande figurationer och maktnätverk? Hur kan vi lära oss att se det marginaliserade, det annorlunda för att på så sätt inte betrakta verkligheten i fasta och orörliga termer? Från positioner som aldrig kan vara oskyldiga eller distanserade menar Haraway (2008a) att forskaren måste försöka finna perspektiv eller göra utsnitt som kan producera en annan och mindre standardiserad kunskap; kunskap som innefattar ett ansvar för de inkluderingar, uteslutningar, sammankopplingar och gränsdragningar som produceras. Forskarens situerade blick har alltid en partiell och lokaliserad tillgång till det som studeras vilket formar ett ansvar för att hitta synvinklar som inte är kända i förväg (Gunnarsson, 2015). På så vis är inte målet någon färdig eller perfekt praktik, utan målet är i stället att skapa möjligheter för många olika berättelser och världar att ta form. Mols (2011, s. 104) förslag är att forma en forskningspraktik ”som ger rikliga tillfällen till ambivalens, oenighet, osäkerhet, missförstånd och konflikter”. Det handlar både om att ta ansvar för den verklighet som produceras och att förstå att etik inte enbart är forskarens ansvar utan ett distribuerat ansvar för hela forskningsapparaten. Ett sätt att hantera detta är att starta i ett problem som formuleras tillsammans med de olika aktörer – både mänskliga och icke-mänskliga – som är med i forskningen som vi också diskuterar i föregående kapitel.

Med utgångspunkt i detta kan det vara lätt att tro att forskningsmetoder inspirerade av postkvalitativ metodologi har en större potential att vara forskningsetiskt "korrekta". Utifrån ett postkvalitativt synsätt skulle det vara enkelt att problematisera eller till och med kritisera formuleringar i *God Forskningssed* (Vetenskapsrådet, 2017, s. 27) och hävda att det inte går att säga att observationer bör utföras systematiskt genom observationsschema, anteckningar etc. eller att forskaren ska eftersträva objektivitet och försöka att inte påverka försökspersoner eller skeenden. Vi menar dock att det i relation till postkvalitativ metodologi är viktigt att reflektera över vad mer kreativa och experimenterande sätt kan innebära. Det är inte självklart att det är "mer etiskt" att göra kreativ och experimenterande forskning, än att göra forskning som utgår från en mer traditionell struktur. Ibland kan det till och med vara så att det för de inblandade forskningsdeltagarna är lättare att förhålla sig kritiskt och problematiserande till en forskningsapparat som är förhållandevis styrd. De fria och lösa ramar som mer explorativa ansatser kan medföra kan ibland göra det svårt att se eller komma ihåg att det faktiskt är ett forskningsprojekt som pågår (se vidare Bodén, 2019). Detta blir i sin tur ett etiskt dilemma som måste diskuteras med de som deltar i forskningen.

En kritisk-kreativ och etisk hållning

Så som diskuterats ovan blir en viktig forskningsetisk aspekt, med postkvalitativ metodologi, vilken kunskap som produceras och vilka effekter den kunskapen kan ge. När forskning och kunskapsproduktion ses som något mer än att beskriva och synliggöra uppstår forskningsetiska frågor om just de verkligheter som forskningen blir medskapare av. Detta har väckt frågor om hur forskning förändrar och skapar verklighet. Med beaktande av detta har flertalet forskare inom det posthumanistiska fältet betonat betydelsen av att kombinera en kritisk och en kreativ hållning vid vetenskapligt arbete. Detta resonemang har fått stort genomslag genom Braidottis framskrivning av en *affirmativ kritik*

(Braidotti, 2013; se också Andersen, 2018; Edwards & Fenwick, 2015; Gunnarsson & Hohti, 2018; Staunæs, 2016).

Ambitionen med den affirmativa kritiken är således att forskning ska åstadkomma förhoppningar om och möjlighet till en bättre tillvaro. Den innebär att forskningen ska ha ett dubbelt förhållningssätt genom både en kritisk och en kreativ ansats. Med andra ord, att samtidigt kritiskt granska hur stabiliseringar och uteslutningar formas och med en experimenterande ingång undersöka sprickor och rörelser för andra verkligheter att ta form. Detta kräver specifika metodologiska överväganden och en forskningsapparat som förmår att uppmärksamma komplexa intensiteter och rörelser. Med rörelse avses här det samtidigt diffusa och kraftfulla som uppstår i mötet mellan aktörer, mänskliga och icke-mänskliga. Möten skapar energier och tillblivelser som kan upplevas mycket påtagligt, men som ändå ofta är svåra att sätta ord på. Haraway (2008a) beskriver detta som en dans; en dans där människor, språk, ting, kroppar – naturkultur – tillsammans rör sig, förändras och vävs samman. Här kan också ett ord som koreografi beskriva hur denna dans eller rörelse inte sker helt slumpartat utan formas av både förbestämda principer och improvisation (Gunnarsson, 2017; 2020; Haraway, 2008a).

Den affirmativa kritiken har vuxit fram som en reaktion på studier som med en kritisk ingång framför allt fokuserar på olika fenomens eller praktikers problem och brister. Det har i stor utsträckning varit studier som med diskurs- eller maktanalyser identifierat och ifrågasatt dominerande mönster och orättvisa förhållanden. Denna forskning är betydelsefull och har bidragit till att påvisa missförhållanden. Men frågor som kan ställas är vad denna forskning producerar och om den kan förändra det som kritiseras. Förmår den att överskrida det som vi redan vet? Se något vi inte tidigare sett? (Gunnarsson & Hohti, 2018; Staunæs, 2016). Eller är det så att den kritiska forskningen kan ses som del av att återskapa de problem som den kritiserar? (jfr Barad, 2007). Här påvisar en rad forskare hur enbart en kritisk hållning innebär en risk att skapa kunskap som snarare upprepar och stärker det som kritiseras. Detta reser frågor om hur forskning kan arbeta med kritik och samtidigt skapa möjlighet för förändring. Det handlar alltså inte om att förkasta en kritisk hållning utan att kombinera den med nyfikenhet, kreativitet och experimenterande för att på så vis skapa öppningar för alternativa göranden.

Några forskningsetiska exempel och frågor

Så som vi nämnt tidigare måste forskningsetik med ett postkvalitativt förhållningssätt vara en aktiv pågående handling och del i hela forskningsprocessen. Varje val som görs ger effekter för vilken kunskap som produceras. Med Haraways (2008a) ord blir forskning en beröring som formar och sprider ansvar. Detta skapar etiska och metodologiska frågor som blir viktiga att reflektera över i iscensättandet av forskningsprojekt: På vilket sätt formas vad som blir viktigt att undersöka? Vad hamnar i fokus och vad hamnar i skymundan med denna forskningsfråga? Vilka fenomen eller maktformationer kan denna forskningsfråga producera? Hur kan det säkerställas att informanten förstår vad det innebär att delta i forskningen? Hur görs urval av deltagare? Vem kan vara i beroendeställning till forskaren? Det är också av vikt att fundera över vem eller vad forskningen är till för. Handlar det om att forska på, om, för eller med deltagare? (se vidare Bodén, 2021). Vem eller vad förstås som en deltagare i relation till etiska aspekter? Är det framför allt människor som förstås som innehavare av etiska rättigheter? Dessa frågor är på intet sätt uttömmande eller fullständiga, men kan synliggöra några etiska aspekter i en komplex forskningsprocess. För att visa exempel på hur liknande etiska frågor kan aktualiseras i konkreta forskningsprojekt kommer vi i det följande ge några exempel från vår egen forskning.

I Bodéns avhandlingsarbete formade arbetet med intervjuer en rad forskningsetiska frågor. Bodén (2015) beskriver hur arbetet med intervjuer skapade specifika utsnitt som blir medskapare av det fenomen som beforskas. Vid en intervju produceras i en postkvalitativ metodologi inte enbart ett ansvar för hur inspelningen av intervjun förvaras, transkriberas och analyseras. Det innebär också ett etiskt ansvar för de intervjufrågor som ställs och inte ställs, de röster som genom intervjun hörs eller inte hörs, samt hur tid, rum och plats påverkar de svar som skapas under intervjun (Bodén, 2015). Vad kan framkomma i en intervju, som inte är undersökningens fokus eller ens är efterfrågat? Vem får formulera och ställa frågor? Vilken medverkan eller inflytande har deltagarna i urval eller bearbetning av det empiriska materialet? Ger analysen utrymme för olika uttryck eller förstärks enbart existerande berättelser? Kan en skriven text göra rättvisa åt det komplexa och föränderliga? Framkommer några nyanser, skiftningar och motsägelser? Vilka effekter får de förenklingar och utsnitt som oundvikligen görs? Vilka effekter är analysen och texten medskapare av? Alla dessa omständigheter bidrar till att skapa vissa verkligheter och inte andra och får effekter för den kunskap som produceras (Bodén, 2015).

En ytterligare aspekt av forskningsetiken är arbetet med minnesanteckningar (se vidare diskussion om minnesanteckningar i kapitel fyra). Det rör bland annat övergripande frågor om vad som innefattas i dem, vad som utesluts och varför. Detta handlar till exempel om att forskaren är van att uppmärksamma vissa saker, som mänskliga aktörers röster, och mindre van att uppmärksamma relationer och materialiteter. Dessutom rör det frågor om vem som ska få möjlighet att ta del av minnesanteckningarna. Här är en förekommande procedur att vissa deltagare i en studie får läsa igenom och komma med synpunkter. Detta har ett flertal forskningsetiska implikationer som exempelvis att se om beskrivningen eller berättelsen om det som ägt rum är samstämmig, eller om det är något som en deltagare inte vill ska ingå i det empiriska materialet. I Gunnarssons avhandlingsarbete (Gunnarsson, 2015) fick vissa deltagare, i detta fall den skolpersonal – lärare, fritidshemslärare och skolsköterska – som ansvarade för den specifika aktivitet som studerades möjlighet att ta del av minnesanteckningarna. Genom att läsa igenom dem fick de möjlighet att kommentera och komma med invändningar. Det gavs också möjlighet att ta bort eller lägga till saker i anteckningarna. Detta var dock inte vad som hände. Deltagarna hade få synpunkter på minnesanteckningarna, men en av dem responderade med ett ifrågasättande av och en besvikelse över sitt agerande i den praktik som beskrevs. Minnesanteckningarna fick kraften av att vara en ren beskrivning av den praktik som observerats, och när deltagaren tog del av dem och också kritiserade det hen såg genom anteckningarna, skapades känslor av misslyckande.

Detta väcker en rad forskningsetiska frågor om vad minnesanteckningarna är med och producerar. Det ställer också frågor om hur det går att forma en mer jämlik relation mellan forskare och andra deltagande aktörer. Vidare uppstår frågor om varför en specifik aktör får ta del av anteckningarna och inte andra. En ytterligare forskningsetisk aspekt här är tid. Vilka anspråk om engagemang och tid kan forskningen önska av de som medverkar? Att ta del av och att engagerat läsa minnesanteckningar är krävande. Det handlar ofta om att sätta sig in i ett omfattande material och det kan bli svårt för deltagarna att finna ett syfte eller en riktning i sin läsning. Men detta sagt vill vi ändå poängtera att det kan ha ett forskningsetiskt värde att låta deltagarna ta del av empiriskt material, men att det också inrymmer många frågor och svårigheter som kan behövas lyfta och diskuteras.

Avslutningsvis

I detta kapitel har vi diskuterat etik som en central del i hela forskningsprocessen. En viktig poäng som lyfts fram i kapitlet är att postkvalitativa metodologier inte per automatik är ”mer etiska” än andra metodologier. I stället visar kapitlet hur det blir av vikt att förhålla sig till övergripande forskningsetiska funktioner, riktlinjer och värden, med en samtidig medvetenhet om att dessa värden kan aktualiseras på specifika sätt i relation till en postkvalitativ metodologi. I kapitlet lyfts begreppet ”ethico-onto-epistem-ology” (Barad, 2007, s. 185) fram som ett exempel på detta: ett begrepp som visar hur ontologi och epistemologi alltid förstås som sammanflätade med etik i arbetet med postkvalitativa metodologier. Central för kapitlet är en diskussion om hur etik i postkvalitativa metodologier handlar om att skapa kunskap som öppnar upp – snarare än stänger ned – nya sammanvävningar, nya frågor och nya versioner av det studerade fenomenet genom en affirmativ-kritisk hållning. Detta kan bidra till en hoppfull rörelse om förändring. Hur detta kan iscensättas i praktiken kommer diskuteras vidare i nästa kapitel om empiriska arbetssätt och material.

Kapitel 4. Empiriska arbetssätt och material

Som tidigare nämnts finns inom den postkvalitativa metodologin en ambition att arbeta med och samtidigt förskjuta vissa aspekter inom det kvalitativa forskningsfältet. Detta innebär bland annat att den postkvalitativa metodologin trilskas med synsätt där forskning kan avtäcka något som redan finns för att skapa representationer eller beskrivningar av en *extern* verklighet oberoende av forskaren eller forskningen. På så vis sker en viss förskjutning av det som ibland benämns för datainsamlingsmetod och begrepp som används inom empiriska studier såsom data, observation, insamling och fält.

I detta kapitel kommer vi att utforska hur en postkvalitativ metodologi tar sig an empiriska arbetssätt och empiriska material. Det kan beskrivas som en genomgång av mer traditionella empiriska arbetssätt vars tillvägagångssätt vi delvis förskjuter genom att sammanfläta och färga dem med postkvalitativ metodologi. Förutom de empiriska arbetssätt som vi belyser här finns det en mängd andra metoder som kan prövas, till exempel att informanter skriver dagbok eller fotograferar, att forskaren följer ett forum online och så vidare (se t.ex. Coleman & Ringrose, 2013; Fangen & Sellerberg, 2011). Vi inleder kapitlet med att ställa frågor om hur empiriskt material kan förstås – vad är empiri och hur blir den till?

Vad är empiri eller data?

Inom kvalitativ forskning har frågor om vad empiriskt material är och hur det blir till eller produceras diskuterats. Ofta ses enkätsvar, transkriptioner av intervjuer eller minnesanteckningar som datamaterial som ska ge kunskap om något. Datamaterialet ses då som ett underlag som kanske till och med bevisar hur något är. De diskussioner som förts om datamaterial i relation till bland annat postkvalitativ metodologi handlar om ontologiska och epistemologiska antaganden om hur vi förstår och skapar kunskap om världen bland annat utifrån vetenskapsteoretiska antaganden om empirism (St. Pierre, Jackson & Mazzei, 2016). Här blir forskarens relation till världen också central. Mirka Koro-Ljungberg, Teija Löytönen och Marek Tesar (2017) menar i sin bok *Disrupting data in qualitative inquiry* att data både blir stört av och stör forskningsprocessen. För att visa på denna omförhandling används inom postkvalitativ metodologi ofta alternativa ord, såsom exempelvis *empiriskt material* eller *empiriska produktioner* (Bodén, 2016), för att beskriva just det som annars brukar kallas för data. Dorthe Staunæs och Pia Bramming (2011) använder ordet *kreata* som ett nyspråkligt begrepp som kan utmana en förståelse av empiriskt material som antingen en representation av en verklighet eller som endast en skapad konstruktion.

Anledningen till att nya begrepp använts för att beskriva det empiriska material som produceras såväl som analyseras i ett projekt har framför allt varit för att undvika att reproducera bilden av att data finns ”därute” och kan ”samlas in” av en oberoende forskare (Lather & St. Pierre, 2013; St. Pierre, 2013b; St. Pierre & Jackson, 2014). Tanken är att dessa begrepp möjliggör en förståelse för hur materialet alltid skapas i möten mellan teorier, metodologier, forskningsfrågor, mänskliga och icke-mänskliga aktörer, olika diskurser och så vidare. Materialet förstås som i ett ständigt blivande och i en samtidig relation som både leder forskaren och leds av forskaren. I studier inspirerade av postkvalitativ metodologi har en mängd olika material används i analyser. I en studie av Anna Mann med flera (2011) utgörs materialet av minnesanteckningar från en kväll där en grupp forskare lagar mat och äter tillsammans. Det kan också handla om filmer inspelade av treåringar, som i Lena O Magnussons studie (Magnusson 2017); om ljudinspelningar från armbandsdiktafoner burna av toddlare, som i Christine Erikssons studie (Eriksson, 2020); om skisser och anteckningar gjorda av barn och forskare, som i Teresa Elkin Postilas studie (Elkin Postila, 2019); intervju- och intravjumaterial som i Bodéns studie (Bodén, 2016); skissade kartor över klassrum som i Malou Juelskjærs med fleras studie (Juelskjær, Falkenberg & Larsen, 2018); fotografier från vandringar om och med väder som i Mindy Blaise med fleras studie (Blaise, Rooney & Pollitt, 2019); policydokument och undervisningsmaterial som i Gunnarssons studie (Gunnarsson, 2015); Twitter- och Instagraminlägg som i

Hanna Retallacks med fleras forskning (Retallack, Ringrose & Lawrence, 2016); familjehistoriska artefakter, som i Susan Naomi Nordstroms studie (Nordstrom, 2013); vetenskapliga artiklar som i Aronssons studie (Aronsson, 2019); teckningar av dick pics som i Jessica Ringroses med fleras forskning (Ringrose, m.fl., 2019); autoetnografiska anteckningar och poesi som i Hanna Ellen Guttorms studie (Guttorm, 2018); eller självbiografiska anteckningar som i Camilla Eline Andersens studie (Andersen, 2015). Variationerna är som synes nästan oändliga. Detta betyder dock inte att vad som helst kan räknas som eller förstås som empiriskt material. Det som i ett forskningsprojekt blir relevant att förstå som empiri är på något sätt kopplat till och har bäring för den specifika problemställning projektet undersöker. Skillnaden är framför allt att forskaren inte på förhand kan bestämma vad som kommer att bli data eller värt att "samla in" (St. Pierre & Jackson, 2014).

Vi som författare till denna bok anser inte att det är nödvändigt att byta ut ordet data, men ordet konnoterar samtidigt till antaganden som vi finner problematiska. Eftersom data är ett etablerat ord inom forskning kan det underlätta kommunikationen att behålla det. Men, att reflektera över sitt empiriska material, hur det tillkommit och ständigt förändras och vad som till slut räknas som empiri, menar vi är relevant för hela forskningsprocessen. Med utgångspunkt i antaganden om att empiriskt material inte finns ute i ett fält dit forskaren kan ta sig för att samla in det, kan ord som konstruera, producera eller framkalla bli användbara för att tydliggöra den praktik där det empiriska materialet uppstår. Det empiriska materialet blir på så vis något som tar form genom ett pågående görande som sker under hela forskningsprocessen. Detta skapar en möjlighet att se hur materialet också blir till i samspel med många olika aktörer. Ett empiriskt material konstrueras inte uteslutande av forskarens blick eller beröring utan forskaren fungerar som medkonstruktör bland en mängd materiella-diskursiva konstruktörer (Latour, 2005). Forskaren är således inte en självständig aktör som ensam konstruerar eller väljer det empiriska materialet. I stället uppstår det empiriska materialet sammanvävt i relationer där det också deltar, intervenerar och agerar (jfr MacLure, 2013a). Detta kan beskrivas som att forskare "framkallar ett empiriskt material" (Asper, 2007, s. 100, i Gunnarsson, 2015). Empirin framkallas på samma sätt som fotografier framkallas analogt i ett mörkrum. Det handlar i relation till denna metafor alltså om att samtidigt beskriva och forma en händelse som ägt rum och att visa hur den blir till i relation till tid, rörelser, ljus och kemikalier. Med andra ord framträder eller samskapas ett empiriskt material tillsammans med en mängd aktörer som deltar i forskningsprocessens olika praktiker och händelser (Gunnarsson, 2015).

Ett expanderat och kontinuerligt fältarbete

Att som forskare genomföra en vetenskaplig studie är på många sätt en påfrestande process. Kanske är den del som handlar om att producera ett empiriskt material extra påfrestande. Det handlar trots allt om att som forskare helt plötsligt befinna sig utanför sin egen miljö – som till stor del faktiskt pågår framför en datorskärm, vid ett tangentbord. Oavsett vilken typ av studie som ska genomföras kommer forskaren möta en ny miljö där en mängd nya relationer ska iscensättas. Vi har i vårt eget arbete ibland upplevt ett motstånd mot att ringa det där samtalet för att fråga om någon är intresserad av att samarbeta, sätta oss på den där bussen som ska ta oss till skolan där vi ska göra vår studie eller hitta den där texten vi ska analysera. Detta motstånd är något som känns i hela kroppen och som alltid kommer vara en del av det empiriska arbetet. Forskare tillskrivs ofta en hierarkiskt överordnad position att analysera, definiera och granska en praktik. Dock menar vi att vi som forskare – speciellt ”ute på fält” – ofta är både ensamma och känner oss ganska små, samtidigt som vi mitt i denna förvirring vill göra allt för att skapa goda förutsättningar för ett fint forskningssamarbete. När Bodén genomförde sin studie om förskolebarns upplevelser av att delta i forskning befann hon sig på ungefär ett tjugotal olika förskolor. Ett återkommande stressmoment var låsanordningen på förskolans grind: tjugo förskolor och tjugo olika låsanordningar. Här kommer forskaren som ska ha koll på läget, men det första som händer är att hon inte kan öppna grinden. I andra fall var det som stoppade henne från att på väg till en skola avbryta fältarbetet redan innan det börjat det faktum att det vore för farligt att hoppa av en buss eller tunnelbana i farten. Och lika snabbt kan det förändras. Om vägen dit har känts jobbig, kan vägen därifrån i stället kännas glädjefylld på ett nästan sprudlande sätt. Fylld av intryck av nya dofter, smaker, miljöer, människor och röriga relationer blir forskningsproblemet levande och forskningen känns i hela kroppen.

På liknande sätt beskriver Gunnarsson (2018b, s. 80) hur entrén till en skola skapar upplevelser av att vara på tillfälligt besök och inte tillhöra:

> Ytterdörren till skolan är låst men jag blir insläppt av elever som kommer samtidigt. Jag anmäler mig vid expeditionen och får en besöksbricka som jag ska bära när jag rör mig i skolans lokaler. På väg till lärarrummet möter jag en lärare som jag träffat tidigare. Hon hälsar och säger Har vi finfrämmande i dag!

Utifrån detta ställer Gunnarsson frågor om vad det innebär att delta i praktik och vara närvarande. Är det möjligt att vara nära en praktik där en deltar tillfälligt, utan formella uppdrag? Dessa frågor handlar om relationer och med postkvalitativ metodologi sätts fokus på just relationerna snarare än enskilda personer och hur de interagerar (Ceder & Gunnarsson, 2018). I händelsen ovan framkommer hur relationen omfattar låsta dörrar, besöksbrickor och hälsningar. I samspelet mellan dessa aktörer skapas en gränsdragning och ett avstånd mellan forskaren och skolan. Samtidigt innefattar detta avstånd, att vara på besök och tillhöra en annan praktik, potentialitet för nya frågor och göranden.

Framkallandet av empiriskt material och de många processer detta innefattar är alltså både känslomässigt och kroppsligt och går inte att avgränsa till specifika situationer. Även analysen blir del av denna process genom sammankopplingar med bland annat teori och tidigare forskning. På liknande sätt blir det som studeras, den angivna platsen, något som produceras i relation till mänskliga och icke-mänskliga aktörer, bland annat forskaren. Anna Martín Bylund (2017) beskriver hur fältarbetet äger rum både *på* och *efter* att forskaren befinner sig på fältet. Hon använder begreppen ”*in* fieldwork” och ”*off* fieldwork” (Martín Bylund, 2017, s. 72) för att betona att det som skedde när hon under ungefär åtta månader befann sig på en förskola långt ifrån tog slut när hon lämnade förskolan. Även om hon beskriver tiden på förskolan som en väldigt påtaglig och distinkt praktik som bland annat resulterade i över 59 timmar videoinspelningar, menar hon att fältarbetet i lika hög grad ägde rum i bearbetningen av videoinspelningarna. I dessa återträffar med materialet förändrades också det som konstituerade fältet. Fältet expanderade till att också inkludera möten med teorier och begrepp. På ett liknande sätt beskriver Bodén (2015) detta som ett ”kontinuerligt fältarbete” och i termer av ”post-participation” (Bodén, 2019, s. 292). Med dessa begrepp blir det möjligt att uppmärksamma hur fältarbete och produktionen av empiriskt material långt ifrån tar slut när kameran stängs av eller när anteckningsblocket läggs undan.

Detta innebär att vad som kan förstås som empiriskt material expanderar: från något som finns därute att samla in, till något som också uppstår i analysen och i skrivandet. St. Pierre (2011) beskriver hur empiriskt material är något att tänka tillsammans med i analysarbetet och hur det blir till i tänkandet och skrivandet. Detta formulerar hon som att

> [m]uch data – *what we think with when we think about a topic* – were identified *during* the analysis and not before. Until one begins to think, one cannot know what one will think with. In that sense, data are collected during thinking and, for me, especially during writing (St. Pierre, 2011, s. 621).

Hur skrivandepraktiken formar tänkandet och att vi alltid tänker tillsammans med andra är poänger som St. Pierre gör här, medan hon samtidigt betonar hur det empiriska materialet också produceras i denna process. Forskarens intryck och avtryck blir då del av det empiriska materialet (Gunnarsson, 2017).

På liknande sätt menar St. Pierre (2018) att empiriskt material skapas och framträder i drömmar, i minnen och i kroppen. På så sätt kan synliggörandet av kropp och sensibilitet vara en inspiration till att tänka nytt kring empiriska material och hur det tillkommer. Ett sätt att förhålla sig till mer än bara språk och röst kan förstås i termer av en *haptisk-optisk beröring* (Gunnarsson, 2015; Haraway, 2008; Otterstad & Lorvik Waterhouse, 2016). Haptik är ett begrepp som omfattar en kombination av känsel, perception och handling. Det innebär ett ”kroppsligt förhållande med rummet” (Spindler, 2013, s. 170) där en mängd olika intryck och avtryck sammankopplas. Kroppen, tillsammans med dess många relationer, kan då förstås som ett utmärkt och skärpt forskningsinstrument som samtidigt utforskar och utför ordnanden av världen. Genom att arbeta med ett haptiskt engagemang skapas möjlighet att producera kunskap om hur den undersökande kroppen deltar i en mångfacetterad värld.

Att omfamna sammanvävningar av språk, kropp och sensibilitet

Ett centralt antagande inom postkvalitativ metodologi är att världen är samtidigt materiellt och diskursivt konstituerad. Vad som blir av vikt är att omfamna hur natur och kultur, materialitet och diskurs, alltid är sammanvävda aspekter. Detta antagande handlar om att uppmärksamma både språk och materialitet i ett empiriskt material. Att just uppmärksamma språk som sammanvävt har vi upplevt som en utmaning i våra forskningspraktiker där det har varit svårt att undgå den centrala position som språk och människa har. Språket har också en funktion att styra vår uppfattning om vad världen är, där människans perception och språk framstår som formad eller styrd att presentera separata entiteter. Det blir en utmaning att uppfatta och beskriva relationer, rörelser och blivanden eftersom de ofta hamnar i skymundan (Ceder & Gunnarsson, 2018). Därför eftersträvar en del forskare inom postkvalitativ metodologi kreativa sätt att skriva. Det blir ett sätt att bråka med normer för vetenskaplig text och skapa nya ord och strukturer som kan omfatta den rörliga och sammanvävda verkligheten (se t.ex. Guttorm, 2016; 2018). Det ställer också frågor om hur forskning kan omfatta och skapa uttryck för såväl det icke-verbala som de icke-mänskligas kommunikation, och därigenom inkludera en större mångfald eller skapa en ”polyvokalitet” (jfr Appleby & Pennycook, 2017). Här finns många och outforskade möjligheter till att leka med och förändra språket och dess materialitet.

En ytterligare aspekt av detta är att språk eller röst ofta framstår som ursprunget från en enskild individ och som grund till att få kunskap om individens erfarenheter och tankar. I linje med St. Pierre (2008; se också Mazzei, 2013; Hohti & Karlsson, 2014) kan det mänskliga språket eller talet inom postkvalitativ metodologi inte förstås som ursprunget till eller härrörande från en enskild person. Rösten och berättelsen är inte uttryck från eller av stabila eller enhetliga subjekt. När inte bara språket sätts i fokus möjliggörs frågor om hur empiriskt arbete kan se ut som förmår att överbrygga uppdelningar mellan språk och kropp, natur och kultur. En återkommande fråga inom postkvalitativ metodologi är hur forskningen kan gå till väga för att innefatta mer än den mänskliga rösten eller förstå den mänskliga rösten som ett görande, en materiell-diskursiv sammanvävning av kropp, syre, rymd och miljö (Mazzei & Jackson, 2017; Eriksson, 2020).

Denna fråga har vi med oss i kommande avsnitt där vi diskuterar olika empiriska tillvägagångssätt.

Empiriska tillvägagångssätt

Nedan redogör vi för några olika varianter av empiriska tillvägagångssätt såsom etnografi, praktiknära forskning, intervjuer och policyforskning. Dessa arbetssätt behandlas här var för sig, men kan givetvis användas tillsammans och återfinns ibland under samma etikett. Det innebär också att de kan ses som situerade på delvis skilda nivåer, där framför allt intervjumetoden ofta kan användas som del av till exempel en etnografisk eller praktiknära ansats men också kan användas separat i en intervjustudie.

Etnografiska metodansatser

I studier som arbetar med posthumanistiska teorier är etnografiska arbetssätt eller metodansatser vanligt förekommande. Etnografiska arbetssätt handlar ofta om en kombination av flera olika metoder som tillsammans producerar ett empiriskt material, såsom exempelvis observationer och spontana eller förberedda intervjuer. Inom etnografisk forskning finns några olika varianter med koppling till den postkvalitativa metodologin. Ett exempel är multi-situerad etnografi som vidgar förståelsen av fältet som platsbundet och fokuserar på situering, mobilitet och förflyttningar (se Marcus, 1995; Hine, 2009; Gunnarsson, 2015). Skillnaden mellan multi-situerad och andra typer av etnografiskt arbete är att forskaren i en multi-situerad etnografi inte befinner sig under lång tid på en specifik plats eller i en miljö utan undersöker flera sammankopplade platser. Det möjliggör ett utforskande av hur olika praktiker tillsammans formar ett visst fenomen (Gunnarsson, 2015). En annan variant är det som aktör-nätverks-teoretikern Mol (2002) benämner praxiologi. Praxiologi innebär en förskjutning av etnografin till att fokusera på praktiker och praktikaliteter (Aronsson, 2019). Det innebär att det studerade inte kan skiljas eller isoleras från den praktik i vilket det studerade uppstår. Praxiologin handlar om att följa de olika aktörer som är delaktiga i att skapa en praktik och om att studera de komplicerade relationer mellan aktörer som leder till att en praktik iscensätts på just de specifika sätt den gör (Mol, 2002, s. 142 ff.; se också Spårande analys i kapitel fem). Den praxiologiska ansatsen fordrar därför, enligt Mol, att en mångfald av saker och händelser innefattas i kunskapandet för att uppmärksamma hur olika versioner av ett fenomen blir till eller uppförs.

Ytterligare en variant av etnografiskt arbete är det som Sarah Pink (2015) beskriver som sensorisk etnografi. I denna typ av etnografi är fokus på att producera kunskap genom den situerade kroppen och dess sinnen. Även om sinnena är viktiga i andra typer av etnografiskt arbete, menar Pink (2015) att den sensoriska etnografin mer explicit använder sinnena för att skapa kunskap. Således lyfts sinnen såsom lukt och känsel fram och inte enbart hörsel och syn som annars är de mer vanliga verktygen för etnografen. I den sensoriska etnografin tar forskaren medvetet och självreflexivt hänsyn till sinnen i alla forskningens delar: i planering, fältarbete, analys och framskrivning av resultat (Pink, 2015). Pinks sensoriska etnografi har ett särskilt fokus på visuella uttryck och bildkommunikation och betonar hur bland annat bilder är sammanvävda med rörlighet, tid och plats (Eriksson, 2019).

Deltagande observation

Inom etnografisk forskning är deltagande observation en återkommande metod. Precis som ordet visar, innebär det att forskaren samtidigt deltar och observerar. Deltagande observation har framför allt haft fokus på att vara närvarande i en social interaktion, vilket innebär att forskaren anpassar sig till situationen för att inte ha ”en störande inverkan” (Fangen, 2011, 37). Samtidigt kan deltagande observation handla om att lära känna och vara engagerad i en praktik och dess aktörer. Detta formar två samtidiga roller eller principer som ska balanseras och kombineras – att *delta* och att *observera*. Ibland kan rollen som deltagare bli mer nedtonad och observatörsrollen bli mer framträdande och ibland tvärtom. Vad kombinationen av båda rollerna innebär är ett erkännande av att forskaren ingår och påverkar den praktik som studeras (Fangen, 2011). Utmaningen blir att uppmärksamma hur forskaren påverkar och påverkas, snarare än att försöka minimera påverkan genom att till exempel förhålla sig passiv eller i skymundan. Många forskare lyfter att deltagande observationer är krävande, såväl tidsmässigt som känslomässigt (se till exempel Dolk, 2012; Tjora, 2011).

Att delta i och samtidigt studera en praktik skapar många frågor och känslor. Hur ska forskaren närma sig en praktik, vara närvarande och delta och samtidigt utforska och undersöka? Hur mycket förberedelser måste göras innan arbetet med deltagande observation kan börja? Att närma sig praktiken med en undran och några öppna frågor som sedan modifieras och förändras i relation med den praktik där forskaren deltar kan vara ett svar (Fangen, 2011; Göransson, 2019). Vi kommer nu att stanna till lite vid den deltagande observationens balansakt och med hjälp av Haraway förskjuta dess innebörd mot vad som kan beskrivas som *deltagande engagemang*. I boken *When species meet*, menar Haraway (2008a, s. 23) att "the practice of 'becoming with' rewove the fibres of the scientist's being". Hon lyfter genom uttrycket "att bli till med" fram hur forskaren samtidigt alltid är i och av världen och i och av det studerade fenomenen. Detta förändrar både forskarens roll och forskningens innehåll. Genom att fokusera på ett fältarbete utfört av Barbara Smuts, en primatolog som på sjuttiotalet studerade babianer i Kenya, beskriver Haraway hur en omvandling av både forskaren och forskningsapparaten blir nödvändig för kunskapsproduktionen. Inledningsvis får Smuts rådet av sina kollegor att forskare som vill komma nära babianer bör gömma sig och uppträda naturligt, helst som stenar som smälter in i den omgivande miljön. Detta skulle få babianerna att känna sig bekväma och fortsätta med sina vanor, som om människorna inte vore där. Det visar sig dock snabbt att ju mer Smuts ignorerar babianerna, desto mer skeptiska verkar de. Haraway beskriver att för babianerna framstår antagligen Smuts som någon som ignorerar alla deras sociala koder. Som en följd av detta, och när Smuts anpassar sitt beteende efter babianernas göranden snarare än efter sina forskarkollegors råd, börjar babianerna att behandla henne som en tillförlitlig och förhållandevis ofarlig varelse (Haraway, 2008a, s. 24). Vad detta påvisar för postkvalitativ metodologi är en förskjutning av benämningen deltagande observation – som antyder att forskaren kan observera eller iaktta vad som utspelas där – mot en betoning av ett *deltagande engagemang*, där kunskap produceras genom "en kroppslig och materiell närhet" (Gunnarsson, 2018b, s. 82). Precis som i fallet med Smuts och babianerna handlar deltagande engagemang om att studera vardagliga situationer och samtidigt uppmärksamma att forskaren påverkar och blir medskapare av hur det studerade framträder.

Att uppmärksamma hur forskaren, affektivt, materiellt och diskursivt, påverkas och påverkar det som sker genom deltagandet visar hur forskaren också är en aktör i ständig förändring. Detta ger en utvidgad ingång till att se hur forskningspraktiken omfattar affektiva och kroppsliga dimensioner. Här skapas en situation där forskaren är engagerad och delaktig i en praktik och samtidigt fungerar som en aktör bland många andra. Det innebär också att som forskare bli utmanad: från att befinna sig i en distanserad position, till att befinna sig i en engagerad. Det handlar alltså om att inte enbart tryggt och invant hålla sig passiv i relation till praktiken som utforskas, utan om att också möta ovissheten och risken med att vara engagerad (Gunnarsson, 2015; 2018b). I Gunnarssons (2015) avhandlingsarbete formades det deltagande engagemanget genom att delta i övningar och göranden som skedde i den praktik som studerades. Genom detta engagemang blev forskarens kroppsliga och affektiva reaktioner del av det empiriska materialet, vilket i sin tur blev del av analysen av det fenomen och den praktik som utforskades.

Inspelningar och minnesanteckningar

Ofta görs någon form av inspelning vid deltagande observationer. Det kan handla om videoinspelningar som i Martín Bylunds (2017) studie, men även om ljudinspelningar. Att inspelningar påverkar praktiken brukar ofta påvisas, även om det är svårt att säga hur (Aspers, 2007). Vad som blev påtagligt i Gunnarssons (2015) studie var hur ljudinspelningen hade inverkan på forskaren. Detta blev tydligt eftersom ljudinspelning användes i deltagandet på en skola, men inte på en annan. Deltagandet i träffarna där inspelningsapparaten användes producerade en upplevelse av trygghet i produktionen av empiriskt material. Det ledde bland annat till att forskaren mer aktivt kunde delta i de övningar som genomfördes i skolpraktiken. En ytterligare effekt var dock att forskaren blev mindre noggrann med att föra minnesanteckningar eftersom det uppstod en tillit till att inspelningen kunde registrera det som skedde. Oavsett vilken form av inspelning som görs ska dessa ljud och bilder transformeras till text i vetenskapligt arbete för att kunna publiceras och spridas. Steinar Kvale och Svend Brinkmann (2009, s. 194) beskriver hur transkribering formar "utarmade, avkontextualiserade återgivningar". Detta kan bli särskilt tydligt när det transkriberade materialet rör studier av relationer och göranden, vilket är vanligt i postkvalitativa undersökningar. Minnesanteckningarnas brister och oförmåga att ge en fullständig bild behöver dock inte ses som något enbart negativt. I fragmenten av en situation kan det finnas utrymme till förvirring, oordning och osäkerhet vilket blir en resurs för att urskilja komplexiteter och grumligheter (Jones, m.fl., 2010). Samtidigt kan också själva skapandet av text i form av transkriberingar eller anteckningar förstås som en aktiv del i den analytiska processen; en process i vilken både praktiken och forskaren blir till.

Förutom inspelningar är minnesanteckningar ett vanligt arbetssätt i relation till de etnografiska och deltagande metoder vi diskuterat ovan. Rachel Jones med flera (2010) beskriver hur minnesanteckningar har en speciell roll i etnografiskt influerade studier, som bärare av spår av "verkligheten själv". Ofta används begreppet fältanteckningar i stället för minnesanteckningar. Att referera till just "fältet" har blivit en slags verifikation av att forskaren verkligen deltagit i de beskrivna händelserna. Därför har fältanteckningar på samma sätt blivit ett slags verktyg för att bidra med autenticitet till texten och kommit att förstås som en bro mellan den beskrivna verkligheten och den efterkommande analysen av densamma. För att betona och påminna om forskarens aktiva roll i att skapa den studerade verkligheten genom anteckningar och genom minnen av arbetet i den empiriska praktiken, kan ett alternativ vara att prata om just *minnes*anteckningar. Att kalla anteckningarna för minnesanteckningar blir alltså ett sätt att betona att anteckningarna inte är att betrakta som snapshots från ett fält någonstans därute, utan intrasslade i en mängd olika minnen, maktrelationer och subjektiva upplevelser av de beskrivna händelserna (Jones, m.fl., 2010).

Hur minnesanteckningar förs och vad de innefattar ser mycket olika ut. I vissa studier görs en uppdelning mellan minnesanteckningar och forskningsloggbok. Denna uppdelning kan dock bidra till upplevelsen av att det som skedde i den undersökta praktiken är skilt från forskarens reflektioner och upplevelser (Gunnarsson, 2015; Tjora, 2011). I en postkvalitativ metodologi är utgångspunkten att praktik och reflektioner alltid är sammanvävda och samskapade. Här blir minnesanteckningarna till empiriskt material genom tänkande och blivande, som har tagit form genom det deltagande engagemanget och som sedan översatts eller transformerats till skriven text. Minnesanteckningarna består då av ”affektiva spår” (Braidotti, 2010a, s. 414) som framkallats genom deltagande i en väv av möten av teori, tidigare forskning och empiri.

Minnesanteckningar beskriver, samtidigt som de performativt iscensätter, vad som hände under specifika tillfällen: vilka sociala, diskursiva och materiella aktörer som var delaktiga att skapa händelsen, samt de olika responser dessa aktörer bidrar med. På så vis kan minnesanteckningar i en postkvalitativ metodologi beskrivas som något som handlar om händelser och tillfällen då studiens intressen aktualiseras på en mängd sätt. Det blir således viktigt att minnesanteckningarna innefattar olika aktörer, snarare än att enbart handla om de mänskliga deltagarnas meningsskapande eller intressen. Därför blir det av lika stor vikt att anteckna vad som doftar, syns, hörs, känns (kyla eller värme till exempel), som att anteckna känslor, tankar och teoretiska eller analytiska kommentarer i relation till det som skedde. Minnesanteckningarna blir alltså det som på samma gång fångats och fastnat i och genom forskaren (jfr Braidotti, 2010a). På så sätt kan minnesanteckningar förstås som något som tillfälligt fryser den studerade praktiken, men som samtidigt öppnar upp den genom att visa att beroende på hur anteckningarna ser ut och vad som skrivs i dem kommer helt olika förståelser av fenomenet skapas. Att inte på förhand bestämma vilken inverkan eller betydelse människor eller ickemänniskor har i de studerade praktikerna är svårt. Denna svårighet har beskrivits som ”a continuous struggle against our own tendencies to lapse into realist or objectifying modes of description that see only what is already assumed to be ‘there’” (Jones, m.fl., 2010, s. 479).

Multipla minnesanteckningar

Ett sätt att problematisera detta och att utforska hur minnesanteckningar bidrar till att skapa olika versioner av det studerade är genom att jobba med vad som kan beskrivas som *multipla* minnesanteckningar. Multipla minnesanteckningar är ett begrepp Bodén experimenterade med under det empiriska arbetet i sin forskarutbildning, för att beskriva ett arbetssätt där forskaren samskapar en och samma avgränsade händelse på en mängd olika sätt. Det kan handla om att fokusera framför allt på mänskliga relationer i en version av anteckningen; att fokusera på dofter, lukter, ljud och känslor i en annan version; att i ytterligare en version fokusera på och utgå från någon specifik person eller något specifikt ting som ingår i händelsen; att testa att skriva om samma händelse på svenska och sedan översätta den till engelska som ofta sker när svensk empirisk forskning ska publiceras i internationella tidskrifter; att skriva en teoretiskt infärgad anteckning; att skriva den med vardagligt språk. På detta sätt ville Bodén prova om, och i så fall samtidigt uppmärksamma hur, olika versioner av samma händelse skapas beroende på hur minnesanteckningen formuleras.

Något som blev tydligt i detta arbete var hur de multipla anteckningarna visar forskarens ständiga närvaro i skapandet av det undersökta fenomenet samt hur de metodologiska ställningstaganden som iscensätts i minnesanteckningarna blir en aktiv deltagare i skapandet av det studerade. Läst en i taget skulle anteckningarna kunna ge sken av att (re)presentera det som faktiskt skedde. Men lästa tillsammans blir det uppenbart att det faktiska hela tiden är föränderligt och att själva skrivandet av anteckningen påverkar den kunskap som produceras i det empiriska arbetet. Detta sätt att förhålla sig till minnesanteckningarna visar att det nedskrivna inte reflekterar en faktisk verklighet, utan hela tiden är ett performativt iscensättande. Då blir det tydligt hur verkligheten konstrueras och produceras genom det vetenskapliga arbetet och genom det akademiska skrivandet.

De multipla minnesanteckningarna kan också möjliggöra flera röster i texten och framför allt kanske synliggöra att människor och mänskliga relationer aldrig ensamt skapar en händelse eller praktik. Något Bodén dock upptäckte i experimenterandet med multipla minnesanteckningar från en händelse i ett klassrum är att vissa versioner kan vara lättare än andra att berätta. I den första versionen, som från början kändes som en ”rak” beskrivning av vad som hände, blev lärarens och elevernas röster framträdande och var de som förde förloppet framåt. I andra versioner blev materialiteter, som exempelvis den dator läraren arbetade med, mer framträdande. Det som var intressant i relation till skrivandet av de olika versionerna av minnesanteckningen var att den enda gången berättandet inte kändes ärligt och helt etiskt, var när händelsen berättades utifrån lärarens tänkta upplevelse av att stå vid katedern, framför klassen. Detta synliggör hur mänskligt handlande och mänskliga röster ofta förstås som oåtkomliga och etiskt problematiska att tysta eller att tillskriva ny mening, samtidigt som det visar hur andra röster och uttryck – materiella och kanske icke-mänskliga – är enklare för forskaren att omforma och översätta.

Att arbeta med minnesanteckningar på detta sätt är dock mycket tidskrävande och ofta enbart möjligt att göra i liten skala: som en del av en studie eller studentuppsats. Framför allt kan den förståelse som skapas genom möjligheten att alltid tänka sig minnesanteckningar som multipla och högst tillfälliga utsnitt av verkligheten, leda till en annan förståelse för vad en minnesanteckning egentligen kan återge om en händelse eller praktik.

En praktiknära ansats

Ett ytterligare empiriskt arbetssätt som fått ökad uppmärksammat de senaste åren, bland annat inom det utbildningsvetenskapliga fältet, är praktiknära forskning. Praktiknära forskning omfattar flera olika tillvägagångssätt där aktionsforskning är en av de mer vanligen förekommande. Vad som är gemensamt för de olika ansatserna inom praktiknära forskning är att fokus riktas mot praktiker och göranden, att forskningen utformas i ett samarbete med de som deltar, samt att samarbetet syftar till intervention och förändring. Detta är aspekter som också är centrala inom den postkvalitativa metodologin. Vi menar att mötet mellan praktiknära forskning och postkvalitativ metodologi erbjuder produktiva ingångar för att just utforska praktiker, skapa samarbeten och uppmärksamma förändring. Med den postkvalitativa metodologin som utgångspunkt blir en övergripande fråga hur olika praktiker – såsom till exempel skolpraktik och forskningspraktik – tillsammans och ömsesidigt kan samverka, förändra och förändras. Utifrån detta går det att närma sig den praktiknära ansatsen som en kollaborativ intervention som innefattar både gemensamma och skilda syften och göranden (jfr Aronsson, 2019; Gunnarsson, 2018a; 2018b). Den variant av praktiknära forskning som vi nedan kommer att titta närmare på i relation till postkvalitativ metodologi är aktionsforskning.

Aktionsforskningen har som utgångspunkt att kombinera ett emancipatoriskt förhållningssätt med en kritisk granskning med fokus på intervention. Vid aktionsforskning samarbetar exempelvis en skolpraktik med en forskningspraktik för att skapa interventioner eller aktioner och åstadkomma en viss förändring. Aktionsforskning beskrivs ofta som en cyklisk process med olika steg: problemformulering, datainsamling, analys av data, planering och realisering av en aktion. Med postkvalitativa antaganden blir dock forskningsprocessen omöjlig att avgränsa eller styra i specifika steg. Forskningsprocessen blir i stället en sammanvävd rörelse av att samtidigt pröva-överväga-kämpa-misslyckas-ompröva (Gunnarsson, 2018b, s. 75; jfr Mol, 2002). Snarare än att sträva efter att följa givna steg ges utrymme för att beakta de komplexa och vindlande vägar som forskningen skapar (Gunnarsson, 2018c; Johansson, 2014). En ytterligare viktig förskjutning som blir möjlig med postkvalitativa antaganden är att inte bara skolpraktiken utan även forskningspraktiken förändras och blir till i mötet dem emellan. Samarbetet innebär därmed en gemensam önskan att stödja, förändra och bidra till såväl forsknings- som skolpraktik (jfr Aronsson, 2019).

I mötet mellan aktionsforskning och postkvalitativ metodologi blir samarbete centralt. Samarbete blir här att med undran och öppenhet utforska vad som produceras i mötet eller i sammankopplingar mellan olika praktiker. Det kan handla om att samarbeta med ungdomar (se t.ex. Gunnarsson, 2018a; Ollis, Coll & Harrison, 2019; Renold, 2018), samarbeta med förskolebarn (Elkin Postila, 2019) eller vad Ringrose med flera (2020) beskriver som ett intraaktivt forskningsassemblage. Oavsett vilka som deltar blir det centralt att uppmärksamma vilka erbjudanden och specifika möjligheter att handla-tänka-känna som samarbetet skapar (Stengers, 2008). Att samarbeta är inte enkelt och svårigheterna med samarbete mellan exempelvis skolpraktiker och forskningspraktiker går inte att underskatta. De skilda kunskaper, villkor och ansvar som olika praktiker omfattar skapar ofta utmanande förutsättningar för ett likställt deltagande. För att överbrygga, men inte ignorera, de skillnader som finns mellan praktiker blir en framkomlig väg att engageras kring en gemensam problemställning som ger kraft åt samarbetet och kunskapsproduktionen (Gunnarsson, 2018b; Lenz Taguchi, 2017). Då kan fokus riktas mot de problem som tillsammans ska utforskas. Den gemensamma problemställningen kan sedan rymma en mångfald av frågor. Samarbetet i sig ger möjlighet för många frågor med olika ingångar eller infallsvinklar på det gemensamma problemet. Lena Aronsson (2019) menar att detta kan betyda att forskare och praktiker ställer olika frågor i relation till att de tillhör olika praktiker och kanske inte alltid förstår varandras frågor. Då kan fokus riktas mot ett ömsesidigt engagemang kring ett gemensamt problem.

En av styrkorna i praktiknära forskning är dess möjlighet att arbeta med forskningens förändrande potential. Det innebär bland annat att uppmärksamma performativa eller samskapande processer och att undersöka vilka effekter som produceras i relation *med* deltagare och praktik snarare än att fråga efter forskningens effekter *på* deltagare och praktik (Gunnarsson, 2018a; 2018b). Vidare innebär detta att forskning inte enbart ska sträva efter att beskriva en praktik såsom den *är* – utan undersöka vad den kan *bli* (Stengers, 2005a). Det är svårt för isolerade eller separata praktiker att skapa en egen kraft för förändring och där kan samarbeten ge produktiva öppningar. Detta beskriver Stengers (2005a, s. 195) som ”an experimental togetherness”. I en experimenterande allians kan praktiker forma nya eller alternativa göranden. Det handlar om att få till möten och relationer som har potential att bråka med det invanda och upprepande. Varje möte mellan olika praktiker, med dess olika kunskaper och ansvar, formar materiella och diskursiva omförhandlingar eller mutationer (Gunnarsson, 2018b). Genom att samtidigt erkänna ömsesidigheten och olikheten i dessa samarbeten skapas möjlighet för en ansvarsfull samverkan. I praktiknära forskning blir det därför viktigt att ta hänsyn till de specifika kollektiv som medverkar; kollektiv som inte bara omfattar människor utan också materialiteter, platser och tid.

Intervjuer: materiella och diskursiva konversationer

Ett annat vanligt förekommande tillvägagångssätt i konstruerandet av empiriskt material är intervjuer. I likhet med hur Kvale och Brinkman (2009) beskriver intervjuer, blir intervjusituationen i postkvalitativ metodologi en process där intervjuare och intervjupersoner producerar kunskap genom de många relationer som formas. Liknande antaganden görs ofta även när intervjuer analyseras och förstås utifrån socialkonstruktivistiska perspektiv, där intervjuaren och den intervjuades gemensamma meningsskapande under intervjun förstås som centralt för den kunskap som skapas (Silverman, 2006; Holstein & Gubrium, 1995). Detta fokus på meningsskapande som en mellanmänsklig aktivitet leder dock till att de händelser och praktiker som inte enkelt kan förstås i termer av interaktion mellan människor också blir svåra att analysera. Genom att försöka inkludera andra ”röster” i intervjun – som exempelvis rumsliga, tidsliga och materiella aspekter – menar vi att ett produktivt sätt att förstå en intervjusituation kan vara som en händelse som formas i relation till flera aktörer och i en komplex mångfald av tid och plats. Intervjun blir på detta sätt en sammankoppling av materiella-diskursiva komponenter som tillsammans producerar kunskap (Bodén, 2015; Gunnarsson, 2015).

De relationer som uppmärksammas i en intervjusituation handlar i postkvalitativ metodologi således inte enbart om intervjuare och intervjupersoner. Det handlar också om de andra materiella-diskursiva aktörer som deltar såsom kroppar, rum och inspelningsmaskin (se vidare Bodén, 2015). St. Pierre (2008) för en kritisk diskussion om hur språk, röst och tal ofta framställs som kraftfulla sannings- och meningsbärare inom kvalitativ forskning. Intervjun och de talade orden påstås ge tillgång till en äkta och autentisk mening (se också Mazzei, 2013). I postkvalitativ metodologi blir intervjun en situation med specifika villkor för röst och prat. Detta öppnar upp för frågor om vilka berättelser eller svar som blir möjliga i relation till den specifika platsen för intervjun, vem informanten blir i relation till de frågor som ställs och hur detta blivande formas till röst (Juelskjær, Falkenberg & Larsen, 2018). På detta sätt blir den kunskap som skapas genom intervjun inte enbart en konstruktion av ett specifikt nu, utan sammanvävs och blir till genom tidigare och kanske även kommande händelser som relaterar till det som tar form under intervjun. Även om den kunskap som produceras i och genom intervjun samskapas där och då är den också uppkopplad med tidigare händelser och relationer. Hur intervjuer och intervjusvar skapar och skapas av såväl dåtid, nutid som framtid blir således en ytterligare dimension i en postkvalitativ metodologi (jfr Juelskjær, 2013; Nordstrom, 2013). Intervjusituationen producerar på detta sätt en viss verklighet, som hela tiden är sammanvävd med andra praktiker och platser som delvis utesluts genom de snitt eller gränsdragningar som görs. På så vis blir det som sägs i intervjun berättelser om händelser som de intervjuade har deltagit i och inte enbart ett utforskande av deras perspektiv eller åsikter (Mol, 2002).

Fokusgrupper

En variant av intervjuer är fokusgrupper där flera individer deltar och intervjuas samtidigt. Fokusgruppsintervjun är ofta inriktad på samspelet mellan deltagarna där intervjun kan ta form på ett förhållandevis ostrukturerat sätt. Lotta Johansson (2014) lyfter fram hur fokusgruppsintervjun kan förstås i relation till en postkvalitativ metodologi. Eftersom forskaren under en fokusgruppsintervju har mindre möjlighet att styra samtalet menar Johansson att det blir ett mer experimentellt tillvägagångssätt. Vid fokusgruppsintervjuer möjliggörs ett intresse för inte enbart den färdiga och insamlade empirin, utan också för själva förutsättningarna för empirins tillblivelse. Johansson (2014) visar hur de olika deltagarnas röster kopplas in i varandra och på så sätt är i ständig rörelse och skapar nya sammanvävningar. Med utgångspunkt i Deleuzes och Guattaris filosofi menar hon därmed att idén om det stabila subjektet som en metodologisk utgångspunkt kan utmanas i fokusgrupper och att uppmärksamhet kan riktas mot processen och samskapandet under samtalet.

På ett liknande sätt visar Hanna Sjögren (2016) hur fokusgrupper kan destabilisera den maktrelation mellan intervjuare och intervjuad som ofta uppstår i en individuell intervju. Sjögren (2016) använder i fokusgruppintervjuer olika typer av stimulusmaterial, som exempelvis dikter och bilder. Dessa material i sig bidrar till nya diskussioner och kan också öppna upp för svar och diskussioner som enbart frågor ibland inte kan göra. Med utgångspunkt i en postkvalitativ metodologi kan således materialen förstås som performativa aktörer som på nya och andra sätt bidrar till produktionen av kunskap. Något som blir särskilt intressant kopplat till postkvalitativa tankegångar är hur Sjögren (2016) betonar att urvalet av dikter och bilder kan förstås utifrån Haraways (2008a) situeringsbegrepp. Själva praktiken att välja – och välja bort – visst material som presenteras för fokusgruppen blir på detta sätt en inbjudan till deltagarna att få förståelse för forskarens föreställningar om det studerade fenomenet. Samtidigt blir också det utvalda materialet del av hur forskningsobjektet konstrueras.

Intravjuer

Att tillföra stimulusmaterial i intervjuer kan vara ett sätt att göra fler "röster" hörda även under individuella intervjuer. Nordstrom (2013) skapar i sin studie om subjektivitet och familjehistoria ett kreativt utrymme för att synliggöra hur det levande och icke-levande ständigt är sammanvävt. Inspirerat av Deleuzes och Guattaris filosofi genomför hon vad hon kallar objekt-intervjuer. Syftet med dessa är att visa hur "subjects and objects relationally produce each other and cannot be thought apart, thereby creating heterogeneous subjects and objects" (Nordstrom, 2013, s. 238). Nordstrom beskriver hur exempelvis foton av förfäder, hantverk från ursprungsamerikaner och en kula från det amerikanska inbördeskriget sammantvinnas och producerar vissa specifika familjehistorier. Vad Nordstrom betonar är hur kulan, som förefaller vara ett stabilt objekt, blir till och förändras under intervjun. Kulan definieras genom de mängder av krafter som strömmar genom den – krafter som är fysiska, historiska och kulturella. På detta sätt tydliggörs hur inte enbart mänskliga subjekt förändras i en intervjusituation. I de så kallade objekt-intervjuerna befinner sig både människor och materialiteter i pågående processer som skapar kunskap. Detta betyder också att kunskapsproduktionen kring subjektskapande ser något annorlunda ut. Subjektivitet blir något som omformas i en "livets ensemble" och inte som en biografi om en enskild individ (Nordstrom, 2013).

Det finns ytterligare exempel på hur intervjuer som metod inspirerats av postkvalitativa tankegångar. Genom att sammanväva begreppet intervju med Barads (2007) begrepp intraaktion, introducerar Aaron M. Kuntz och Marni M. Presnall (2012) begreppet intravjuer – *intraviews*. Begreppet intraaktion beskriver hur agentskap inte är något som vare sig människor eller materialiteter innehar. I stället betonar begreppet att agentskap uppstår genom relationer mellan människor och människor, människor och materialiteter och materialiteter och materialiteter (Barad, 2003; 2007). Int*ra*aktion skiljer sig alltså från det mer vanligt förekommande begreppet int*er*aktion, som ofta förutsätter och utgår från en mellanmänsklig relation (Jackson & Mazzei, 2011). Kuntz och Presnall (2012) introducerar således begreppet intravju som en ny förståelse av de diskursiva och materiella sammanvävningar som bidrar till kunskapsproduktionen under en intervju. Genom att fler aktörer erkänns som delaktiga i produktionen av kunskap menar de att förståelsen av en intervju som en intraaktiv händelse ruckar på de föreställningar som finns om intervjuer, exempelvis vem eller vad som är aktiv, eller vem eller vad som har en röst under en intervju.

Intravjuer kan alltså beskrivas som en metod som utmanar den människocentrering som ofta uppstår i intervjuer (Bodén, 2015). I Bodéns (2016) studie om skolfrånvaro blev intravjuer ett sätt att i intervjusituationer inkludera de digitala frånvaroregistreringsprogram som studerades. Frånvaroregistreringsprogrammet Dexter inkluderades som en viktig ”röst” i intervjuerna. Rent praktiskt liknade intravjuerna på många sätt vanliga intervjuer eller det som ibland kallats för obser-views (Kragelund, 2013) eller think-aloud-protocols (Charters, 2003) där forskaren studerar en praktik samtidigt som hen ställer frågor. Ofta ingår olika materialiteter som viktiga redskap i dessa intervjupraktiker. Snarare än att fokusera på hur materialiteter som en dator eller ett frånvaroprogram i intervjusituationen blir verktyg som förmedlar människors tankar, var syftet med intravjuerna i Bodéns (2015; 2016) studie att undersöka de sammanvävningar av människor och materialiteter som uppstod under intravjuerna. Intravjuerna genomfördes ofta tillsammans med en lärare och en dator, uppkopplad mot det webbaserade Dexter. Under intravjuerna ombads lärarna att logga in på Dexter och samtalet handlade sedan om olika teman, som uppstod i samarbetade med datorn. Ibland deltog Dexter i konversationen ”av sig själv”, som när lärare sa att de inte kunde fortsätta prata utan att kika i Dexter. Ibland vägrade

Dexter delta. Vid flera tillfällen startade inte datorn och vid andra tillfällen gick det inte att logga in på Dexter (Bodén, 2015). I Bodéns (2016) studie omvandlades konversationerna från ett samtal om lärarnas tankar *om* programvaran, till konversationer *med* programvaran och de olika praktikerna för att göra frånvaroregistreringen. Intravjuerna riktade fokus på hur Dexter nästan alltid var närvarande i lärares förståelse av skolfrånvaro, men också på hur kunskapsproduktionen om skolfrånvaro alltid var en sammanvävning av forskaren, lärarna, datorn och programvaran. Intravjuerna visade också hur praktiker som framstått som oviktiga – som svårigheter att logga in i Dexter eller de begränsningar som fanns i programmets gränssnitt – var avgörande för att förstå processerna för att registrera skolfrånvaro och närvaro (Bodén, 2016).

Policyforskning

Det senaste decenniet har forskning med fokus på policy influerats av tankegångar inom den postkvalitativa metodologin. Det har bland annat handlat om att undersöka policytexters performativa effekter (Fenwick & Edwards, 2011; Heimans, 2015); hur rumsliga aspekter samverkar med policy (Gulson, 2015); och hur känslor och affekt deltar i policy (Staunæs & Pors, 2015; Brøgger & Staunæs, 2016). Flera av dessa studier har jobbat med aktör-nätverksteori, vilket öppnat upp för möjligheter att förstå hur policytexter alltid är sammanvävda med och beroende av olika socio-materiella nätverk (Moberg, 2017). Enligt flera av dessa forskare är policy inte något fast eller beständigt. Det blir något annat än styrande eller reglerande texter. Policy är i stället föränderliga aktörer präglade av historia, diskurser, institutionella ordningar och materialiteter formade av sammankopplingar och relationer (Gunnarsson, 2015). På så vis betonas hur de är delaktiga och medskapande. Genom en sammanvävd relation påverkar och formar olika praktiker policy samtidigt som policy formar dessa praktiker. Policy blir därigenom dokument eller texter som i likhet med alla andra texter inte bara finns där utan som ständigt *gör* och *görs* (Haraway, 2008). Som medskapare av praktikers villkor och förutsättningar, men inte ensam styrande, formas policyns kraft i och genom relationer och nätverk. Detta medför att policy har en kraft eller agens, men inte som en autonom aktör utan i relation till och uppkopplade med andra aktörer (Fenwick & Edwards, 2011).

Att tydligt definiera och dra en gräns för vad som är policy och vad som är annan typ av text eller praktik är svårt att göra. Policyforskaren Wanda S. Pillow (2010, s. 151) skriver att "policies are value statements, rules to guide actions, interactions and constructs bodies". Denna utgångspunkt ger en bred förståelse av policy och omfattar dokument som kan beskrivas som auktoritativa såsom styrdokument, utredningar och rapporter, men också böcker och läromedel. Vissa dokument har en juridiskt styrande funktion medan andra dokument såsom utredningar och rapporter utgör underlag för dessa (Gunnarsson, 2015). Inom policy kan det också inrymmas dokument som ska fungera som inspiration och vägledning för olika praktiker. De olika dokumentens betydelse eller status blir en empirisk fråga i relation till de sammankopplingar dokumenten ingår i. Denna hållning till policy kräver metodologiska tillvägagångssätt som kan synliggöra texternas komplexitet; en metodologi som överensstämmer med den röriga process som formar policytexter (Fenwick & Edwards, 2011).

Inom policyforskningen finns det studier som antar denna utmaning på lite olika sätt. Det är dels studier som undersöker policytexter, dess samskapande funktion och effekter (se t.ex. Gunnarsson, 2015); dels deltagande eller etnografiskt influerade studier som undersöker hur policy görs i olika praktiker (se t.ex. Moberg, 2017; Pillow, 2017); och dels studier som fokuserar på betydelsen av det datamaterial, till exempel intervjuer eller enkäter, som policydokumenten bygger på (Staunæs, 2018; Pillow, 2017). Pillow (2017) undersöker med posthumanistisk teori hur statistiska data görs och omskapas i policy och vilka effekter dessa data genererar med fokus på kroppar och känslor. Genom att delta i policyarbete uppmärksammar Pillow hur detta arbete präglas av processer där kroppar blir till statistiska data som blir till policy. I dessa processer är det viss data som räknas och annan data som ignoreras. På så vis upprepas stereotypa berättelser och maktformationer, i Pillows studie specifikt om svarta tonårsmödrar i USA. Vad Pillow efterfrågar är att policyarbete dels uppmärksammar och erkänner en större mångfald av statistiska data, dels ställer frågor som innefattar framtida möjligheter till förändring för de som policyn berör. På så vis kan policy ta ett större ansvar för de effekter och framtider som den är medskapare av (Pillow, 2017). Emilie Moberg (2017) har i sin tur studerat förskolans läroplan. För att studera läroplanen använder Moberg metodologiska principer från aktör-nätverksteori. Det innebär att hon, snarare än att fokusera på texters och policydokuments styrande och kontrollerande funktioner, visar hur policydokumentet hela tiden öppnas upp och förändras i relation till en pedagogisk praktik. Därigenom lyfter studien fram hur läroplanstexten är en bland många aktörer som påverkar det vardagliga arbetet på förskolan. Moberg (2017) visar på så sätt att även dokument som är till synes fasta och reglerande, blir till och förändras genom de relationer de är del av. I studien blir det tydligt hur även policydokument skiftar mellan att vara stabila och starka, till att vara föränderliga och sårbara.

Avslutningsvis

Att arbeta med att framkalla ett empiriskt material är både spännande och utmanande. Det handlar ofta om att som forskare bli engagerad i och beröra olika platser och praktiker. I detta kapitel har syftet varit att behandla empiriska tillvägagångssätt som är vanligt förekommande och som finns väl beskrivna i olika forskningsmetodböcker. Det vi ser som vårt bidrag är att diskutera hur dessa metoder kan ta form i relation till postkvalitativ metodologi. Vi har således velat visa på de förskjutningar av dessa empiriska arbetssätt som sker i relation till de antaganden, teorier och begrepp som den postkvalitativa metodologin innefattar. Några övergripande aspekter som vi lyft i detta kapitel är relationen mellan empiriska arbetssätt och det empiriska material som produceras samt om och hur det går att möjliggöra för empiriska arbetssätt som kan uppmärksamma mer och annat än en mänsklig röst. Hur ett empiriskt material kan förstås som i ständig rörelse kommer att diskuteras vidare i nästa kapitel, som sätter fokus på analysarbete.

Kapitel 5. Analysarbete

I forskningsprocessen är analysarbete en av de mest centrala delarna för besvarandet av forskningsfrågorna. Trots detta – eller kanske på grund av detta – är det bland det svåraste i en kvalitativ forskningsprocessen att konkret beskriva hur en vetenskaplig analys går till. Analysen följer sällan några givna och avgränsade steg eller tillvägagångssätt. Samtidigt är det av stor betydelse med en tydlig och noggrann redogörelse av hur den genomförts, så att läsaren ska förstå och kunna granska de slutsatser som görs och hur de tillkommit.

Inom postkvalitativ metodologi har ett antal benämningar på analysmetoder blivit vanligt förekommande. De som vi kommer att behandla i detta kapitel är spårande analys, kartograferande analys, diffraktiv analys och rytmanalys. Dessa har sitt ursprung i delvis skilda teoribildningar och förankras i specifika teoretiska begrepp och utgångspunkter. Vi kommer här att beskriva dem utifrån hur de tagit form i vår egen och i andras forskning. Varje studie gör sin specifika tillämpning och unika framskrivning av analysarbetet i relation till den specifika forskningsapparaten. Detta innebär att även om samma benämning används, till exempel diffraktiv analys, så kan görandet se olika ut. Därför kommer vi dels beskriva de olika analysmetoderna utifrån hur de skrivits fram teoretiskt och metodologiskt och dels beskriva hur de satts i bruk i olika studier. Det innebär också att vi ser dessa exempel som inspiration för att utforma en analysansats och tips för vidare läsning. Vi inleder kapitlet med att belysa några övergripande frågor om analysarbete och hur dessa hanteras inom postkvalitativ metodologi.

Vad är analys – analys av vad?

Vad analys är eller hur den ska göras i kvalitativ forskning är frågor med väldigt många svar. Analys kan beskrivas som en process där empiriskt material arrangeras och undersöks systematiskt, eller som en process för att skapa mening och urskilja det betydelsefulla i ett material genom reflektion och tolkning (Fejes & Thornberg, 2015). Här kan ansatser som *deduktiv* och *induktiv* analys förekomma. Den deduktiva analysen innebär att forskaren utgår från ett antagande eller en tes för att sedan med hjälp av empiriskt material verifiera eller falsifiera den. Induktiv analys innebär i stället att forskaren utgår från ett antal empiriska exempel och utifrån dessa skapar en tes eller teori som (eventuellt) kan generaliseras till att omfatta fler empiriska fall (Cohen, Manion & Morrisson, 2018, s. 4). Induktion kan alltså sägas handla om att utifrån empiriskt material producera teori. Både deduktion och induktion har ibland kritiserats för att förutsätta att forskningsproblemet från början är förhållandevis fast och klart, vilket i sin tur leder till att forskaren på förhand antas veta var svaren på problemet kan finnas och vem eller vad som kan hjälpa till att besvara detta problem. I relation till en postkvalitativ metodologi kan ytterligare ett problem sägas uppstå i båda dessa ansatser: en uppdelning mellan teori och empiri, där det ena antas komma före eller efter det andra (Johannsson, 2014).

Att söka svar på ett i förväg definierat och avgränsat problem med en ansats att identifiera distinkta kategorier, identiteter eller positionering kan riskera att annan och oväntad information eller kunskap utesluts (Nordstrom, 2017). I relation till deduktiva och induktiva ansatser, ligger snarare en *abduktiv* analys närmare postkvalitativ metodologi. En abduktiv ansats innebär en ständig växelverkan mellan problemställning, empiriskt material, tidigare forskning, metod och teori där inget ses som överordnat eller före något annat (Nordstrom, 2017). Med en öppenhet för forskningsprocessen och vad det empiriska materialet gör, blir slutsatser och kunskapen provisorisk. Det handlar alltså om en "empirisk öppenhet" som kan ge annan typ av kunskap (Pedersen, 2014, s. 85). Vad som däremot sällan lyfts fram i relation till den abduktiva analysen är hur forskaren är medskapare och delaktig i att forma den praktik som studeras och kunskap som därigenom genereras.

Analys blir i postkvalitativ metodologi inte ett sökande efter en underliggande mening i ett material eller en strävan efter att skapa representationer av en utforskad praktik. Här förstås analysen snarare som en process där såväl praktiken som forskaren blir till i enlighet med en icke-representationalistisk ansats. På så vis kan empiriska material aldrig förstås som enbart illustrationer av eller exempel på det som undersöks. Materialen blir i stället delaktiga i och samskapade av de teoretiska antaganden och begrepp som genereras genom processen. Lather (2013, s. 639) beskriver hur analysprocessen i postkvalitativ metodologi skiljer sig från ”the cutting and pasting of coding” och snarare handlar om att ”open up to unexpected readings of and listenings to materials”. Därigenom betonas att analysen präglas av en öppen hållning som med sensibilitet och omsorg möjliggör för materialet att delta. Det handlar alltså om att som forskare ha tilltro till det oväntade och en öppenhet för vad som sker i analysprocessen. Därför kommer fokus i analysarbetet inte enbart att handla om att synliggöra dominerande teman eller mönster, utan också om att stanna upp och sakta ned arbetet för att på så vis synliggöra den mångfald av motsägelser, skiftningar, intensiteter och rörelser som finns i det empiriska materialet.

I vårt eget analysarbete har vi återkommande erfarit att det empiriska materialet inte innehåller någonting. Trots att vi deltagit i klassrum, gjort mängder med intervjuer har vi ibland känt en viss förtvivlan över att vi inte har något material att arbeta med i analysen. Detta är något som vi i samtal med andra forskare sett som en vanlig upplevelse under analysarbetet: ”Jag ser ju ingenting!” eller ”Jag ser för mycket!”. På vissa sätt är det nog nödvändigt att åtminstone ett tag befinna sig i denna jag-ger-upp-fas. För att komma vidare har vi läst andra texter, såväl mer vetenskapliga som skönlitterära och journalistiska. Vi har också samtalat med kollegor, funderat kring teoretiska begrepp och därefter återgått till det empiriska materialet och fått fatt i någon tråd att nysta i. Inte så plötsligt, men sakta och samtidigt intensivt har materialet omformats. Händelser och göranden framträder med förändrad kraft. Genom att analytiskt sammanväva empiriskt material med tidigare forskning och teoretiska begrepp menar vi att det sker något med alla inblandade. Det har provocerat fram en möjlighet att veckla ut de komplexiteter som det empiriska materialet där och då omfattar (Gunnarsson, 2019b). Analysen blir till en form av experimenterande som sker tillsammans med det som utforskas.

Dessutom vill vi betona hur analysen sker genom hela forskningsprocessen: i formuleringen av syfte och frågor, val av empiriskt material, sammanställning och diskussion. Det empiriska materialet blir till och omformas i relation till de olika aspekter som forskningsprocessen innefattar. Denna hållning gör att analysarbetet blir svårt att avgränsa. Ett exempel på detta är hur Ringrose och Renold (2014) arbetar med ett empiriskt material som producerats flera år tidigare. De beskriver hur materialet omvandlas i möten med den komplexa forskningsapparaten och blir till på nya sätt när de återigen möter materialet. Analysen sker också till stor del i skrivprocessen där nya frågor, begrepp och material kan ta form och framstå som viktiga att infoga (Bodén, 2015). Med detta sätt att förstå analys utmanas en forskarposition som ensam kan välja, tolka och skapa representationer av verkligheten. Analysen görs i stället genom sammanvävningar eller intraaktioner där forskaren är en central aktör bland andra (se Petersen, 2018) Detta kräver också alternativa strategier för analysprocessen. Vad dessa strategier kan innebära kommer vi att diskutera nedan i relation till de olika analysmetoderna. Först ska vi resonera kring vad som kan utgöra en studies analysobjekt och hur dessa kan ta form.

Utsnitt i empiriskt material

En central aspekt av analysarbetet handlar om att göra urval eller utsnitt för att forma ett hanterbart och kärnfullt empiriskt omfång i relation till det problem eller den fråga som analyseras. Denna aspekt rör dels hur utsnitten i ett många gånger omfattande material görs, dels vad det empiriska materialet kan berätta om en komplex verklighet. Utsnittet handlar om att navigera bland och göra gränsdragningar kring det som blir relevant i relation till forskningens problemställning. Hur detta snittande och sållande går till och varför en viss händelse, utsaga eller text blir produktiv att arbeta med i analysen är alltid centralt, men också svårt att artikulera.

Vi menar att ett första snitt redan har gjorts innan analysen påbörjas. Den görs i produktionen av det empiriska materialet eftersom det på inga sätt är möjligt att uppfatta allt som sker vid till exempel en observation eller intervju. Själva produktionen av empiri kan alltså förstås som en betydande del av analysarbetet. Även vid användning av film eller ljudupptagning sker begränsningar och uteslutningar av den mångfald av aspekter som är aktiva. Taylor (2013) beskriver hur produktionen av ett empiriskt material är delaktigt i att utföra agentiska snitt. Snittet skapar kunskap om hur vissa fenomen formas och stabiliseras, samtidigt som andra aspekter av fenomenet utesluts (Taylor, 2013). Att göra snitt och gränser blir på så vis inget oskyldigt eller okomplicerat. Snitten i sig och de relationer som uppstår genom snitten ger verklighetsskapande effekter som forskaren är delaktig i och också ansvarig för (Haraway, 2008a). För att dessa snitt eller urval ska kunna göras så produktivt som möjligt är det viktigt att ha en viss riktning i relation till forskningens frågor och analysmetod.

Nästa del i analysen är det snitt som görs i relation till det producerade materialet. Här handlar det om att avgöra vilka delar av det empiriska materialet som är centrala att arbeta vidare med. Hur detta snitt eller urval görs, varför vissa händelser skapar ett produktivt och kreativt möte, kan ofta vara svårt att sätta ord på. MacLure (2013a) menar att detta kan förstås som att delar av ett empiriskt material skimrar eller lyser (eng. glows). Genom samverkan mellan en mångfald av aktörer skapas uppmärksamhet mot en specifik händelse eller ett moment i ett ofta stort material. Det kan handla om en intensitet, eller ett ögonblicks paus, som tillsammans med affektiva dimensioner, såsom igenkänning, irritation och glädje, formar ett engagemang eller intresse för en viss händelse. Det kan vara både extraordinära händelser som gör forskaren förbluffad och häpen eller vardagliga ”tråkiga” rutiner som blir viktiga i dess återkommande upprepning (Bodén, 2016). Vad som gör att vissa saker eller händelser i det empiriska materialet skapar en glöd eller kraft kan vara tillfällen då forskningsapparatens olika delar – såsom forskningsproblem, frågeställningar eller tidigare forskning – sätts i rörelse och gör dessa händelser omöjliga att ignorera (jfr Boden, 2016). MacLure (2013a) beskriver det som att forskaren gör ett urval av något i ett empiriskt material, samtidigt som något i materialet väljer forskaren. Oavsett så skapar händelsen ett intryck eller avtryck i relation till forskare, forskningsfråga, teori och metod (jfr Gunnarsson, 2015).

Att analysera diskursiv och materiell komplexitet

I relation till frågan om vad som blir analysobjektet vill vi lyfta att med postkvalitativ metodologi innebär en analys ofta att undersöka händelser, relationer och praktiker (jfr Bodén m.fl., 2019). Genom att fokusera på detta, snarare än på enskilda aktörer, blir det också möjligt att undersöka hur olika komponenter eller aktörer blir till, samskapas och samhandlar. Här inkluderas agensen hos de diskursiva och materiella aktörer som deltar i en komplex och ömsesidig process. Det innebär att analysobjektet som produceras genom analysens olika snitt är produktivt och aktivt i en pågående process av att skapa nya utsnitt.

Att beskriva en praktik med ett mänskligt språk, men samtidigt ta in icke-mänskliga aspekter, förändringar och sammankopplingar är en utmaning. Det blir svårt att omfatta hela den komplexa mångfald av relationer mellan människor och materialiteter som gjort att praktiken gestaltat sig på ett specifikt sätt och inte på ett annat. Snarare kan det vara så att om andra relationer tagits i beaktande hade den beskrivna praktiken sett ut på ett helt annat sätt. Med andra ord är det svårt att göra en praktik eller ett fenomen rättvisa. Här görs omformanden, som oundvikligen innebär tveksamheter och svek (Latour, 2005). Att göra en analys handlar alltid om att göra snitt och avgränsningar. En av svårigheterna ligger i att beskriva den inneboende röran av implosioner och relationer, hålla beskrivningen öppen för mångfald och samtidigt göra den hanterbar och begriplig (Law & Mol, 2002). I en strävan efter att inkludera det komplexa, kan en postkvalitativ analys sägas försöka trassla ut de aktörer eller komponenter som samverkar. Det innebär att fokus ofta hamnar på gyttret och tvetydigheterna som ordnar och formar fenomen, snarare än på att förminska dessa tvetydigheter till enhetliga och stabiliserande förklaringar (Fenwick & Edwards, 2011). Vad Law och Mol (2002) föreslår är att sträva efter att tydliggöra de gränsdragningar som görs och att också lyfta fram och visa vad forskaren i sin beskrivning placerat i bakgrunden. På så sätt uppmärksammas illusionen om att alla relationer kan anges och att det är möjligt att ge en heltäckande bild.

Analysmetoder

Genom fyra olika analysmetoder kommer vi nu närma oss exempel på hur både tvetydighet och tydlighet kan härbärgeras i analysarbetet. Dessa metoder är diffraktiv analys som framför allt är framskriven av filosoferna Haraway och Barad; en deleuziansk kartograferande analys; spårande analys med koppling till aktörs-nätverksteori; samt rytmanalys inspirerad av Henri Lefebvre.

Diffraktiv analys: vågrörelser och sammanvävningar

I samhällsvetenskaplig forskning har begreppet diffraktion blivit ett sätt att med inspiration från naturvetenskapliga teorier utmana några av de uppdelningar som ofta finns mellan olika typer av material i analysarbetet. Begreppet kan alltså skapa möjligheter att uppmärksamma hur delar som från början verkar skilda och inte relaterade till varandra på många sätt också hör ihop. Det fysikaliska begreppet diffraktion kan beskrivas som de sätt på vilka vågor (vatten-, ljud- eller ljusvågor) överlappar, sprider och böjer sig när de möter ett hinder. En våg kan aldrig avgränsas eller lokaliseras till en specifik punkt, utan är alltid ett svar på de hinder som vågen möter (Barad 2007, s. 74 ff.). Diffraktion kan på så vis handla om att skapa nya mönster och idéer som ett resultat av möten och samhandlingar (Ceder, 2016, s. 76). Detta betyder att diffraktion, och en diffraktiv analys, framför allt är en kartläggning av samhandlingar mellan olika beståndsdelar och inte en reflektion, en reproduktion eller en representation av någon specifik beståndsdel (Haraway, 2004, s. 70).

Inom samhällsvetenskaplig forskning har begreppet framför allt använts med utgångspunkt i Haraways (2004) och Barads (2007; 2014) teorier. För Haraway och Barad kan en diffraktiv analys sägas vara ett alternativ till en reflekterande analys, som också förväntas vara en beskrivande representation av verkligheten (Lenz Taguchi & Palmer, 2013; Lenz Taguchi, 2012). Representationer har ofta använts som ett försök att med hjälp av språket förklara tillvaron. Detta kan leda till att representationerna förstås som något utanför den verklighet som beskrivs och som att forskaren är någon som reflekterar och resonerar kring det studerade från ”utsidan”, på kritiskt avstånd (Barad, 2007, s. 88). När diffraktion sätts i arbete som en strategi för analys i postkvalitativ metodologi, blir fokus på hur just samhandlingar och överlappningar skapar ett fenomen. På samma sätt som rörelser skapas när vågor möts, sammanblandas alltså det som på förhand självklart verkar vara en del av det som ska analyseras med det som faktiskt inte på förhand verkar höra dit. Den diffraktiva analysen blir således ett sätt att förstå – men samtidigt alltid producera – ett fenomen genom att läsa olika uppsättningar teorier, problemställningar och material genom varandra precis som vågors diffraktionsmönster. På så sätt kan de alltid redan intrasslade relationerna mellan analys, empiri, människor, diskurs och materialiteter synliggöras. Det betyder att en diffraktiv analys inte handlar om att söka efter mening eller olika aktörers intentioner, utan snarare att intresset riktas mot de praktiker, förståelser och skeenden som själva forskningsapparaten producerar (Sauzet, 2015).

En diffraktiv analys handlar om att läsa en mängd olika material genom varandra, genom att relatera dem till varandra och på så sätt öppna upp för nya förståelser av materialen. Det finns samtidigt några skilda ingångar till arbetet med den diffraktiva analysen. Simon Ceder (2016) beskriver hur diffraktion och diffraktiva läsningar är den process där olika texter läses tillsammans och genom varandra. Med fokus på de kreativa sammanvävningar som uppstår i dessa läsningar menar han att nya förståelser av forskningsproblem och forskningsfrågor kan möjliggöras. Ulmer (2016) beskriver hur den diffraktiva analysen går ut på att ett empiriskt material läses utifrån flera olika teoretiska perspektiv, vilket i sin tur skapar ett analytiskt kalejdoskop där varje vridning på kalejdoskopet skapar nya diffraktiva mönster i det empiriska materialet. Inspirerad av Barads (2007) teorier, beskriver Malou Juelskjær (2019, s. 105) arbetet med diffraktiva läsningar som en ”fenomen-grafering”, det vill säga en grundläggande kartläggning av ett fenomen. I denna grafering lyfter Juelskjær fram några olika utgångspunkter. Hon menar exempelvis att materialet som läses inte kan förstås som ett ”ting”, utan måste förstås som något som är i ständig tillblivelse; att relationer mellan tid-rum-materia (eng. spacetimematter) blir avgörande för de läsningar som görs; att skiljelinjer mellan teorier, begrepp och metodologier suddas ut för att i de diffraktiva läsningarna i stället bindas ihop; samt att dessa förbindelser ofta leder till att disciplinära gränser måste ifrågasättas. Juelskjær (2019) analyserar i sin studie de mängder av relationer som finns i och kring statyn och minnesmonumentet *Freedom* i Köpenhamn. Genom en diffraktiv analys skapar Juelskjær kunskap om både historiska och nutida berättelser om koloniala relationer mellan Danmark och Jungfruöarna. Hon beskriver att ett analytiskt steg var att utgå från statyn som ett fenomen, snarare än som ett objekt eller en fysisk enhet. Därefter fortsätter Juelskjær med att noggrant undersöka en mängd sammanvävningar som statyn ingår i. Detta innebär att hennes analysmaterial består av exempelvis tidningsartiklar, officiella uttalanden från politiker både från Danmark och Jungfruöarna, teoretisk litteratur om kolonialism, teoretiska begrepp från Barad och mycket mer. Juelskjær läser sedan dessa material i relation till varandra, i motstånd mot varandra och genom varandra. Dessa läsningar görs genom att hon ställer frågor till materialen och låter sedan materialen besvara frågorna tillsammans: Hur påverkar den tidsliga, rumsliga och materiella relationen mellan Danmark och Jungfruöarna vad som kan förstås som offer och förövare? Hur materialiseras detta i statyn *Freedom*? Och omvänt, hur materialiserar *Freedom* denna relation? Vad avgör vad en (kolonial) kropp kan och bör känna? En annan analytisk strategi var att utgå från flera olika minnesstatyer och diffraktivt läsa dem genom varandra om och om igen för att på så vis uppfatta det specifika med just statyn *Freedom* (Juelskjær, 2019).

Dessa exempel visar att diffraktiv analys inte är något entydigt begrepp. Vi som författare till denna bok menar dessutom att diffraktiv analys inte enbart handlar om att läsa olika texter genom varandra, utan som vi diskuterat ovan också om hur olika teorier, metodologier, empiriska material och så vidare kan läsas genom varandra (jfr Barad, 2007). När Bodén studerade skolfrånvaro innebar detta exempelvis att en diffraktiv analys öppnade upp förståelser för hur saker som kroppar, känslor, digitala verktyg och diskurser hela tiden uppstod i relation till varandra och på så sätt också påverkade fenomenet skolfrånvaro. Bodén (2015) visar i en artikel ett exempel på hur material från olika sammanhang plötsligt sammanvävs i det faktiska analysarbetet, när hon i arbetet med att analysera en intervju kastas tillbaka i tid och rum till sitt köksbord och till sin dator där hon som förälder mött en praktik som är exakt densamma som läraren i intervjutranskriptet beskriver. Lenz Taguchi och Palmer (2013, s. 677) beskriver på ett liknande sätt hur de praktiker de möter i det empiriska materialet

> ...come to matter in our own bodies as researching subjects, as intrusive feelings of sickness in the event of engagement with this data. Things, places, emotions and bodily reactions described in the story intervene, connect and take action in our own bodies, evoking memories of a mathematical practice neither of us could ever properly master. We become with this data in an event of engagement and become, in a sense, different from what we just were.

Dessa två exempel visar hur kroppsliga upplevelser av att forska sammansvetsas med forskningsapparaten. Juelskjær (2019) lyfter fram liknande tankar och menar att forskaren alltid kommer vara en del av fenomenet och hur fenomenet framträder. Oavsett om forskaren tidigare mött det fenomen som också studeras, är en viktig del i en diffraktiv analys att synliggöra hur forskaren hela tiden är del i den forskningsapparat som konstrueras (Lenz Taguchi & Palmer, 2013). Samtidigt menar Haraway (2004) att diffraktion kan bli ett sätt att skapa skillnad i världen, genom att bryta mot föreställningar om att forskarens självreflektion är tillräcklig. Denna självreflektion tenderar ofta att missa omvärldens komplexitet (Bozalek & Zembylas, 2017). Lenz Taguchi och Palmer (2013) beskriver därför att en central del i en diffraktiv analys är att identifiera de intraaktioner som uppstår i mötet mellan forskaren och det empiriska materialet. Detta innebär att forskarens liv, både innanför och utanför det studerade fenomenet, alltid redan kommer att vara en del av forskningsapparaten och en del av kunskapen om det studerade. Vad som finns innanför och vad som finns utanför kan därför inte på förhand separeras, eftersom de oundvikligen är sammankopplade.

Kartograferande analys: att forma en tillfällig spelplan eller karta

Kartograferande analys bygger på Deleuzes omfattande arbete. Deleuze, ofta i samarbete med Guattari, utforskade grundläggande filosofiska frågor om tänkande och blivande och satte dem i relation till metodologiska frågor om möten och förskjutningar (jfr Spindler, 2013). I Deleuzes filosofi blir miljön, eller annorlunda uttryckt det rumsliga, centralt och något som villkorar vilket blivande som kan uppstå. För forskaren innebär det att återkommande ställa frågor som: Vad gör jag här? Vilka spår följer jag? Vilka gränser befäster eller överskrider jag? (Spindler, 2013, s. 179–180). Här betonar Deleuze vikten av *nomadiskt tänkande* som förmår att luckra upp och omvandla det som undersöks. Det nomadiska tänkandet beskrivs av Fredrika Spindler (2013) som att följa det oskrivna, att följa doftspår eller vittförgrenade melodier. Med andra ord handlar forskning inte enbart om att beskriva eller kritiskt granska ett fenomen, utan också om att se forskningens skapande kraft och därigenom sätta fokus på komplexiteten, sprickorna och förskjutningarna.

Med utgångspunkt i dessa tankar skrev Deleuze och Guattari (2004) fram ett analytiskt tillvägagångssätt som benämns kartografi eller kartograferande. Braidotti (2013; 2018) arbetar med Deleuzes filosofi och beskriver kartografin som en metod som är selektiv, partiell och kollektiv. Kartografin innebär enligt Braidotti att spåra fenomen med en kritisk och kreativ ansats. Vidare redogör Braidotti (2019) för ett antal kriterier för kartografin. Bland annat menar hon att den ska lyfta fram det motsägelsefulla, vara icke-linjär och utan given början eller slut samt uppmärksamma minnenas och fantasins kraft. De kriterier som Braidotti formulerar ger inte något tydligt eller konkret svar på hur en kartograferande analys ska göras. Kartografin blir, liksom de andra analysmetoderna som presenteras i denna bok, ett tillvägagångssätt som inte strävar efter att ordna och kategorisera världen utan att lösa upp den. Det innebär att arbeta med komplexiteten och rörigheten. Vad den kartograferande analysen syftar till är att skapa en karta över det som studeras. Denna karta, förklarar Lenz Taguchi (2017, s. 176), ska förstås som en tillfällig och rörlig "spelplan för ett aktivt experimenterande". Spelplanen blir således en förflyttning eller transformering av ett territorium eller landskap. Genom att uppmärksamma de otaliga och föränderliga förgreningar och linjer som spelplanen eller kartan utgör finns alltid en öppning för nya och ytterligare kartor (Lenz Taguchi, 2017).

I Lenz Taguchis (2017) forskning sätts kartografin i relation till begreppet spårande. Genom att sätta samman spåra-och-kartografera formas en analytisk hållning som innebär att utforska fenomen i en tudelad och samtidigt sammanflätad rörelse. Denna dubbelhet innebär att samtidigt spåra begreppets ”bestämmande stratifieringar” och att kartografera begreppets ”läckor, brott och sprickor” för att omskapa och förskjuta begreppets ”betydelser och materialiserande praktiker” (Lenz Taguchi, 2017, s. 176). På så vis gör Lenz Taguchi en distinktion mellan att spåra och kartografera samtidigt som de också är beroende av varandra. Att spåra-och-kartografera innebär att studera ett begrepps rörliga mångfald och rymd för att på så vis förskjuta och omförhandla begreppet i relation till den specifika studien. Detta beskrivs av Aronsson (2019, s. 33), med referens till Erin Manning (2016), som att ”spårandet söker svar på ’vad är’ och kartograferandet ’vad mer’”. I Aronssons kartografiska spårande sätts fokus på möten mellan neurovetenskap och förskola. Frågorna som ställs handlar dels om vilka möjlighet och begränsningar som skapas i dessa möten, dels vilka bristningar och potentiella möten som skulle kunna uppstå. Syftet med kartograferandet är enligt Aronsson att genom ett kreativt experimenterande identifiera möjliga tankelinjer och de vetenskapliga problem dessa tankelinjer utgör, samtidigt som dessa tankelinjer förskjuts. På så vis kan kartograferandet både synliggöra likheter och skillnader mellan dessa tankelinjer och fungera som en navigator i en värld i ständig förändring. I likhet med detta har Bodén (2021) arbetat med en kartograferande analys för att undersöka hur etik artikuleras i litteratur som beskriver barns deltagande i forskning. Genom att spåra-och-kartografera dominerande tankelinjer i litteraturen, formerar Bodén en karta där barn i forskning oftast beskrivs i relation till prepositioner som forskning *på*, forskning *med* eller forskning *om* barn. Kartan visar att dessa prepositioner också formar en typ av värdeskala, där forskning med eller av barn ofta beskrivs som mer etisk än forskning på barn. Spårandet-och-kartograferandet kräver dock att kartan, samtidigt som den formeras, också formeras om. Detta betyder att den konstruerade kartan också möjliggör ett queerande av föreställningen om att vissa sätta att involvera barn i forskning är mer etiska än andra (Bodén, 2021).

Spårande analys: nätverk, sammankopplingar och associationer

En spårande analys (eng. tracing) kan förutom en utgångspunkt i deleuziansk filosofi också ha en teoretisk förankring i aktör-nätverksteori, vanligtvis förkortat ANT. ANT har sitt ursprung i sociologiska och antropologiska discipliner och några framträdande filosofer inom detta fält är Latour, Mol och Law. Dessa filosofer har sedan mitten av 1900-talet förespråkat en hållning till vetenskap som tar hänsyn till en rörig verklighet som skapas i relation med forskning. Vad som betonas är dock att ANT är en teoretisk och metodologisk hållning snarare än en teori (Mol, 2010). Denna distinktion blir viktig och innebär att det inte går att applicera teori på en praktik. Snarare finns en tydligt uttalad ambition om att utmana uppdelningen teori och praktik.

Den spårande analysen handlar om att följa ett fenomen för att se hur det produceras i och genom en mängd sammankopplingar. Dessa sammankopplingar förstås inom ANT skapa specifika *nätverk*. Nätverk är de föränderliga och komplexa sammankopplingar där såväl forskare som verklighet samskapas och samhandlar. Nätverken formar därigenom aktörers möjligheter att agera och förändras (Latour, 2005; Mol, 2010). Genom *associationer* förenas och länkas aktörer samman, vilket skapar nätverk som inte bara länkar samman aktörer utan också skapar aktörer. Det analytiska arbetet handlar om att ta isär och undersöka hur fenomen uppstår och agerar i de nätverk där de ingår. Mol beskriver det som att hantera ett empiriskt material på samma sätt som kemister gör med en blandad vätska. De ”destillerar den för att skilja ut de olika komponenterna” (Mol, 2011, s. 33 i Gunnarson, 2015).

ANT syftar inte till att tillhandahålla fasta begrepp eller tydliga riktlinjer, utan kan snarare förstås som en öppen arsenal av olika begrepp, metoder och metodologier av tänka tillsammans med. Detta beskrivs av Moberg (2017) som att arbeta med en rad olika principer i analysarbetet. Det handlar exempelvis om principen om ”general symmetry” (på svenska ungefär generaliserad symmetri) som innebär att alla olika entiteter, som natur och samhälle, struktur och agentskap, kropp och tänkande, människa och icke-människa i analysen antas befinna sig på samma ontologiska plan (se även Bodén, m.fl., 2019). Detta innebär i sin tur att forskaren inte på förhand kan avgöra vem eller vad som får betydelse för analysen, utan måste utgå från att alla aktörer är potentiellt lika viktiga. En annan princip är principen om materiell semiotik. Denna princip handlar om att aldrig på förhand tillskriva en aktör en specifik kompetens eller förmåga. I stället kommer aktörens handlingar uppstå i relation till de andra aktörer som ingår i nätverket, ungefär som en bokstav i ett ord eller ett ord i en mening får sin innebörd först i relation till de andra bokstäver och ord som ingår i meningen – därav användningen av det språkvetenskapliga begreppet semiotik (Bodén, m.fl., 2019). Spårningen blir en specifik form av kartläggning av ett fenomen eller ett nätverk. Det metodologiska och analytiska arbetet sker på så vis genom att veckla ut och nysta i den mängd aktörer eller trådar som i och genom dess sammankopplingar blir till eller produceras (Gunnarsson, 2015). Forskaren följer trådarna samtidigt som trådarna leder forskaren i en ömsesidig process. I en spårande analys är ofta syftet att undersöka vilka aktörer som är aktiva i nätverket, hur ett nätverk formas och hålls samman och undersöka när det inte hålls det samman. Vissa menar att ANT-analyser ofta har en beskrivande karaktär som redogör för en praktik eller ett skeende (jfr Ahn, 2015). Vad ANT tillhandahåller är en specifik hållning till en praktik som omfattar potentialitet att förklara varför det som sker händer: hur uppförs ett skeende eller fenomen i relation till det nätverk som det är del av?

I Gunnarssons (2015) avhandling genomfördes en spårande analys för att studera skolors värdegrundsarbete. Spårningen inleddes i policy och texter, såsom artiklar, myndighetsrapporter, styrdokument samt utredningar som handlade om skolans värdegrund. I dessa texter framkom att hälsa som fenomen ständigt återkom och cirkulerade med täta sammankopplingar kring vissa praktiker. En av dessa praktiker var det hälsoförebyggande programmet DISA (Din Inre Styrka Aktiverad). Spårandet av hälsa tog form i och genom en sammanvävd process där engagemang i policy och DISA, men även tidigare forskning, skedde ömsesidigt. På så vis spårades eller vaskades ett antal figurationer fram genom läsningar av och deltagande i dessa praktiker. De figurationer som spårades ska inte ses som de enda som produceras inom skolors hälsofrämjande arbete. I stället är det just det föränderliga och komplexa som betonas. Det innebär att just när forskaren tror sig ha fått fatt på en tråd eller figuration sker en förgrening som formar nya processer och figurationer (jfr Gunnarsson, 2015). Den kunskap som då kan produceras med den spårande analysen är det mångtydiga, relationella och motsägelsefulla.

Rytmanalys: med fokus på temporalitet och rumslighet

Studier som utforskar frågor om tid, plats, rum, kropp och rörelse kan arbeta med vad som benämns som rytmanalys. Rytmanalysen har sin bakgrund hos de franska sociologerna Henri Lefebvre och Catherine Régulier som på 1960-talet bland annat undersökte det offentliga rummet. Med marxistiska och fenomenologiska teorier skrev de fram ett analytiskt förhållningssätt med fokus på världen, rummet och kroppen. Här får frågor om rumsliga (spatiala) och tidsmässiga (temporala) aspekter ett framträdande och sammanvävt utrymme.

Vad är då rytm och hur kan arbetet med ett empiriskt material omfatta analys av rytmer? En rytm är enligt rytmanalysen en rörelse som upprepas, men som aldrig är densamma. Betydelsen av att studera rytmer menar Lefebvre (2017) ligger i möjligheten att uppmärksamma aspekter av det ordinära och vardagliga som inte enbart innefattar mänskligt språk, utan också energier, rörelser och kroppar. Framför allt betonas betydelsen av rytmer i vardagliga göranden. Återkommande vanor, föremål och tekniker är alla delaktiga i att forma specifika rytmer. Andning och hjärtslag i samspel med trafikens buller och vindens styrka och riktning blir i rytmanalysen exempel på fenomen som ständigt pågår och som sällan uppmärksammas. Med rytmen i fokus menar Lefebvre (2017) därför att det går att studera sammanvävningar av tid och rum, det offentliga och det privata samt det intima och det politiska.

Snarare än att fokusera på språket, omfattar alltså rytmanalysen hur kroppen skapar kunskap om hur världen fungerar. Med andra ord så sätter rytmanalysen fokus på de kroppsliga och rytmiska dimensionerna av tillvaron. Det innebär att analytiskt arbeta med frågor om hur göranden och praktiker är rytmiskt organiserade genom att undersöka när och hur rytmer förändras och bryts. Eftersom det alltid pågår en mängd olika rytmer samtidigt, skapas skiftningar och omformningar, upprepningar och stabiliseringar. Verkligheten är således *poly-rytmisk* och formas genom en samtidighet av kontinuitet och diskontinuitet. De rytmer som är samstämmiga och normerande kallar Lefebvre (2017) för *eurhythmia*. Dessa kan förstås såsom cykliska eller regelbundna rytmer. Samtidigt med dessa rytmer finns rytmer som är disharmoniska, störande eller absurda. Dessa benämns *arrhythmia*. Detta gör att rytmer omfattar rörelser i både tid och rum, men också att brott, störningar, pauser och kriser skapar och påverkar rytmer.

En studie som är inspirerad av Lefebvres rytmanalys är utförd av Malou Juelskjær, Helene Falkenberg och Vibe Larsen (2018). I deras studie undersöks en reform av dansk skola och vilka effekter denna reform medför. Med vad de benämner som en posthumanistisk psykogeografisk metod, inspirerad av rytmanalys, riktas fokus på elevernas röster och rörelser i relation till det vardagliga skolarbetet. De frågor som ställs handlar om hur rörelser, rumsligheter och atmosfärer formar elevers sätt att vara och bli till i relation till skolans organisering. På så vis görs i studien ett kritiskt utforskande av reformens effekter för elevernas skolvardag och hur reformen genomsyrar denna genom att skapa specifika rytmer. Det empiriska materialet i studien konstruerades med hjälp av kartor över skolans lokaler där elever fick rita hur de rörde sig under en skoldag. Ritandet skedde i mindre grupper av elever och guidades av frågor från forskarna. Frågorna som ställdes handlade om var någonstans eleverna tyckte om att vara, var de helst inte ville vara och var det var obehagligt att vara. Detta beskrivs av forskarna som en "kognitiv-fysisk genomgångs-promenad" där eleverna samtidigt ritade och berättade i relation till frågorna, kartan och forskaren. I det empiriska materialet skapas mönster som Juelskjær, Falkenberg och Larsen (2018) menar uppmärksammar hur en skoldag samskapas med tid. Inte tid som en linjär rörelse, utan här möjliggörs ett kunskapande om tid som olika rytmer och kvaliteter som i stället förstås som effekter av skoldagens organisering. Detta beskrivs av forskarna som en långsam metod som inte ger några enkla svar om reformens effekter. Snarare erbjuder den alternativa berättelser om reformen i relation till tid, kroppar och rörelse.

En ytterligare studie inspirerad av rytmanalys har genomförts av Eriksson (2020). Tillsammans med förskolebarn utforskas i denna studie hur det offentliga rummet, förskolebarnens röster och kroppar blir till i relation till varandra. Med begreppen rytm och rutin undersöks hur spatiala, sociala och rumsliga aspekter samskapas i relationen mellan förskolebarnen och det offentliga rummet. I studien genomfördes ”röstliga vandringar” (eng. vocal strolls) tillsammans med barn, personal och forskare i Stockholms innerstad. Dessa vandringar innebar att barn och forskare promenerade, åkte buss och tunnelbana samt besökte Brunkebergstunneln för att utforska hur såväl stadens som kropparnas rytmer och rutiner förändrades. På så sätt skapades kunskap om barn och stad som kan utmana förskolans olika praktiker och göranden. I Erikssons (2020) studie öppnar rytmanalysen upp för frågor om huruvida det går att definiera var en förskolepraktik börjar och slutar och hur barns röster kan få plats i det offentliga rummet.

I båda dessa studier betonas komplexiteten och oförutsägbarheten i rumsliga och tidsmässiga dimensioner. Fenomen som barns röster, förskolepraktiker och skolreformer blir med rytmanalysens ansats rörliga och föränderliga samt sammanflätade med de specifika rum och tider som de är med och skapar. Detta gör det möjligt att studera hur ett fenomen blir till som delar av rumsliga och tidsmässiga processer; processer som är samtidigt individuella och kollektiva, men som inte kan förstås bortom de sammanhang som de ömsesidigt skapar. På så vis samskapas ett fenomen såsom skolreformer i relation till kroppar, rumslighet och rörelse (jfr Gunnarsson, 2017). Vad som blir tydligt i de två studier som redogjorts för ovan är också hur produktionen av det empiriska materialet har skett i nära samspel med den specifika analysen. Det ställer åter frågan om hur olika empiriska material erbjuder olika typer av kunskap (se kapitel fyra i denna bok).

Avslutningsvis

I detta kapitel har vi redogjort för några olika angreppssätt för ett analysarbete med postkvalitativ metodologi. Inledningsvis utforskades frågorna om vad analys kan vara och hur empiriskt material som analyseras kan förstås. Vad vi har velat tydliggöra i detta kapitel är hur arbetet med analys är en form av experimenterande som sker tillsammans med *det* och *de* som studeras. Det handlar om att ha tilltro till det oväntade och en öppenhet för vad som uppstår och tar form under analysprocessen. Detta gör att analysprocessen ofta upplevs som både spännande och frustrerande eftersom det empiriska materialet ständigt förändras, eller ”dansar som en eldsflamma” (Law, 2004, s. 599). Ibland leder det in forskaren på villospår, ibland uppstår en mer jämbördig rörelse där teoretiska antaganden, empiri och forskare formar ett gemensamt utforskande. Det innebär också att en analys aldrig blir klar. Det uppkommer ständigt nya aspekter och trådar. Här gäller det att komma till ro med att världen är rörlig och diffus och endast kan förstås i vaga och osäkra termer. Därför får de empiriska och analytiska utsnitt som görs av en komplex verklighet stor relevans för förståelsen av analysarbetet. Fokus sätts alltså på gyttret och tvetydigheterna som ordnar och formar fenomen, snarare än på att förminska dem till enhetliga och stabiliserande förklaringar.

Vi har i kapitlet visat hur de olika analysmetoderna har sina specifika särarter, men också överlappar och går in i varandra. Vi vill dock här avslutningsvis återigen uppmana till en mångfald av analytiska tillvägagångssätt. Analysen sker ju i samspel med de problem och frågor som ska utforskas och tar form i den forskningsapparat som är i arbete. Detta sätt att förstå analysarbetet innebär ett försök att utmana hur kunskap produceras, att trilskas med gränsdragningar genom att lyfta fram det som återkommande blir försummat och att undersöka hur flera verkligheter görs samtidigt. Detta är det hoppfulla bidrag som vi menar att postkvalitativ metodologi erbjuder och som vi utforskar vidare i bokens avslutande kapitel.

Kapitel 6. Ingenting, någonting och allting: ett avslutande erbjudande

I denna bok har vi skrivit fram en introduktion till postkvalitativ metodologi och på så sätt undersökt frågan om vad metodologi är och kan vara. Detta har vi gjort utifrån antagandet att den postkvalitativa metodologin är en metodologi i blivande. Detta antagande utgår från att det är i görandet som metodologin tar form. Därigenom betonas också metodologins samskapande karaktär. Metodologi, teori, empiri, forskare – allt formar varandra i de relationer som skapas i forskningsapparaten. I de olika kapitlen har vi således på olika sätt diskuterat hur ett forskningsprojekt och dess metodologi kan formas med utgångspunkt i detta antagande.

I detta sista kapitel ska vi sammanfatta och föra samman de metodologiska antaganden som behandlats i denna bok. Det innebär att vi kommer att lyfta några avslutande frågor om den postkvalitativa metodologin, samt återvända till frågor om vad metodologi är och kan bli. Vi inleder kapitlet med att diskutera några av de kritiska röster som höjts kring detta förhållningssätt.

Kritiska röster om det postkvalitativa bidraget

Att en av de viktigaste uppgifterna för vetenskapligt arbete är att kritiskt granska olika fenomen och praktiker har vi återkommande lyft i denna bok. Vi vill därför här belysa de kritiska röster som höjts kring forskning inom fältet postkvalitativ metodologi och i viss mån också posthumanistisk teori eftersom denna kritik dels visar på genomslaget dessa fält fått, dels kan få oss att skärpa och förändra arbetet med denna metodologi. Vi ser således att de kritiska röster vi lyfter här ger värdefulla bidrag. Frågor och utmaningar kvarstår, men vad kritiken hjälper oss med är att precisera den omsorg och noggrannhet som krävs i arbetet med såväl postkvalitativ metodologi som all forskning.

En återkommande kritik mot postkvalitativ och posthumanistisk forskning är att den påstår sig komma med något nytt och omvälvande. Det som vissa forskare då ifrågasätter är vad som är det nya med detta tillvägagångssätt. De menar att postkvalitativa metodologier liknar vad kvalitativ och feministisk forskning alltid gjort (se t.ex. Greene, 2013; Peterson, 2018; Sullivan, 2012; Todd, 2016). Så som vi diskuterar i första kapitlet till denna bok, menar vi att den postkvalitativa metodologin inte kan göra anspråk på att vara något fullkomligt nytt. Vad post-prefixet visar på är just en kontinuitet och förankring i kvalitativa metoder. Således håller vi med Ashley Barnwell (2017) som lyfter att ett problem med studier influerade av posthumanistiska teorier och postkvalitativa metodologier är att de producerar exkluderingar genom att vissa teorier och metoder kritiseras och andra framhävs. Detta anser Barnwell gör att framskrivningen av postkvalitativ metodologi återskapar uppdelningar mellan vad som beskrivs som kreativa tillvägagångssätt å ena sidan och destruktiva tillvägagångssätt å andra sidan. Det som förs fram som nya och kreativa metoder inom den postkvalitativa metodologin påstås kunna rätta till de fel och misstag som tidigare metoder gjort. Vad vi i likhet med Barnwell (2017) föreslår är ett erkännande av och kvarhållande vid etablerade metoder, samtidigt som vi vill omskapa dem. Det vi som författare till denna bok vill betona är att den postkvalitativa metodologin problematiserar och lägger till något och genom detta skapar en viss förskjutning av och inom det kvalitativa forskningsfältet. De olika kapitlen i denna bok har visat att arbetet med postkvalitativa metodologier innefattar välkända begrepp såsom etik, empiri och analys, men också att dessa begrepp bidrar till specifika och ibland nya innebörder och göranden. Vi vill således mana till försiktighet med att påstå att detta är något helt nytt och samtidigt ge mod och inspiration till att pröva olika metodologiska angreppssätt. Den postkvalitativa metodologin blir då ett av många tänkbara sätt att förstå och skapa kunskap om världen, vars komplexitet kräver en mångfald av berättelser (Lenz Taguchi, 2017).

En annan aspekt av postkvalitativ metodologi och posthumanistisk teori som kritiserats är dess förskjutning av humanistiska ideal. Bland annat har Brinkmann (2017), som till stor del stödjer många av de antaganden som den postkvalitativa metodologin bygger på, ifrågasatt vad han ser som dess kritik av humanismen. Det Brinkmann förespråkar är att hålla kvar vid humanistiska ideal, både av vetenskapliga och etiska anledningar. Trots en medvetenhet om den traditionella humanismens problematik anser Brinkmann att eftersom humanistiska ideal – såsom demokrati och jämlikhet – i dag är hotade är det extra viktigt att tydligt försvara dessa. Brinkmann förordar därför en hållning där människan ses som en intentionell och reflexiv aktör som skapar mening och stabilitet i en värld som är rörlig och föränderlig. En analys som enbart framhåller det rörliga och tillfälliga menar Brinkmann (2017) blir del i att reproducera en neoliberal och kapitalistisk diskurs. På så vis vill Brinkmann hålla fast vid en viss antropocentrism för att betona människans särskilda ställning och ansvar.

Vi menar att ett svar på Brinkmanns kritik är att posthumanismen ifrågasätter ett humanistiskt ideal som dels ger människan en särställning i världen, dels har en naiv syn på människan som fri, värdeneutral och rationell. En posthumanistisk och postkvalitativ ambition är då att stärka och ge kraft åt människan som ”kollektiva konstellationer av politisk subjektivitet och agens” i ett ”kontinuum av tillblivelser” (Åsberg, 2012, s. 11) där även det icke-mänskliga innefattas. Detta är inte en *anti-humanism* utan just en *post-humanism* som syftar till en mer ”demokratisk inklusiv och hållbar” hållning (Åsberg, 2012, s. 12). Med referens till Colebrook skriver Lenz Taguchi (2017, s. 171) att posthumanistiska antaganden i positiv mening kan förstås som en *ultra-humanism*. Det innebär att lyfta frågor om vad som är mänskligt och hur medvetande och identitet formas. Denna ultra-humanism möjliggör också ett ifrågasättande där inte enbart vita funktionsfullkomliga män(niskor) ses som fullvärdiga medborgare – en kritik av humanismen som exempelvis Braidotti (2013) lyft fram. På så sätt är ultra-humanism en humanism där alla människor erkänns.

Detta leder oss vidare till nästa kritiska aspekt. Den handlar om hur forskning som vill innefatta mer än mänskliga aktörer riskerar att överbetona till exempel materialiteters betydelse. Lenz Taguchi (2017) och Eva B. Petersen (2018) påvisar hur det inom postkvalitativ forskning ibland riktas ett ensidigt fokus på materialiteter på ett sätt som gör att diskurser och människor hamnar i skymundan. Det innebär att materialiteter ges en särställning och att sammanvävningar eller intraaktioner ignoreras. En liknande kritik lyfts fram av Bodén m.fl. (2019) som menar att det i empiriskt arbete är mycket svårt att inkludera alla aktörer på samma villkor. Detta kan i sin tur leda till att mänsklig subjektivitet förstås som föränderlig tack vare – snarare än i relation till – de delaktiga materiella aktörerna. En följd av detta blir därför att det mänskliga produceras som föränderligt, medan det materiella produceras som något som kan omskapa och påverka mänsklig subjektivitet, men i sig själv förblir statiskt (Bodén, m.fl., 2019). Vad dessa tre studier dessutom poängterar är faran med att forskaren framställs som icke delaktig i skapandet av ett empiriskt material och görandet av forskning.

Detta sätter fokus på forskarrollen i postkvalitativ metodologi (se kapitel två i denna bok). Även om den postkvalitativa metodologin utgår från att forskaren är en av många medskapande aktörer, menar bland andra Lenz Taguchi (2017) och Petersen (2018), att det är problematiskt att det ibland framstår som om forskaren själv inte är inblandad eller att forskningen sker utan forskarens medverkan (se även Bodén, m.fl., 2019). Petersen (2018) beskriver denna risk utifrån ett exempel om luft som aktör och som empiriskt material. Hon skriver:

> Air cannot speak for itself – to be felt and heard air must be registered by the researchers' bodies and, significantly, their pens. And while the researchers denounce the privilege to do so, they inadvertently come to produce a-i-r, on their own terms (Petersen, 2018, s. 12).

Detta reser komplexa frågor om forskarens centrala position och språkets dominerande ställning. Hur kan forskning studera ett fenomen som luft på luftens villkor och inte på forskarens? Går det att göra anspråk på en utplattad relation mellan människa och materialitet? Hur kan forskning uppmärksamma materialitet, rörelse och tillblivelse när vi är så vana vid att ordna och kategorisera specifika entiteter (Ceder & Gunnarsson, 2018)? Det svar vi kan ge till dessa frågor här och nu är att uppmärksamma och varsamt hantera forskarens position och "den antropocentrism som vi mänskliga forskare obönhörligen är del av" (Ceder & Gunnarsson, 2018, s. 23). Forskarens uppgift blir då både att sträva efter att med "begreppslig skaparglädje" (Åsberg, m.fl.,

2012, s. 32) uppfinna ett språk som kan utmana detta, samt att genom ett ständigt självproblematiserande försöka ”konstruera nya versioner av levd materiell verklighet tillsammans med de agenter som verkligheten berör” (Lenz Taguchi, 2017, s. 173).

Såsom dessa kritiska röster påvisar finns det aspekter som den postkvalitativa metodologin behöver arbeta med och vara lyhörda inför. Här återstår frågor att utforska. Det visar på hur metodologin ständigt är i blivande – genom nya möten och forskningsfrågor förändras ständigt tillvägagångssätten. Metodologin gör således inga anspråk på att ha alla svar, men visar på specifika sätt att ta sig an frågor om forskning och kunskap. Med förankring i de fyra ingångar som presenterades inledningsvis i denna bok (posthumanistisk teori, forskning som verklighetsskapande, sammanvävning av diskurs, materialitet och affekt, samt en feministisk ansats) menar vi att det blir möjligt att möta kritiken genom att forma en mångfald av experimenterande metodologiska tillvägagångssätt. Det blir dessutom möjligt att ta sig an utmaningen att undersöka relationer, rörelser och blivanden.

Metodologi: en blivande och världsskapande praktik

Vi har återkommande i denna bok lyft hur metodologi ingår i hela forskningsprocessen och inte kan förstås som en avgränsad del. I boken har vi, utifrån de fyra ingångarna, beskrivit hur postkvalitativ metodologi har genomgripande inverkan på ett forskningsprojekt. Det handlar om att, som vi i bokens första kapitel beskriver, både omfamna och omforma kvalitativa metoder och förstå metodologi som en ständigt pågående process – en blivande och världsskapande praktik. Detta resonemang utvecklas ytterligare i kapitel två, där vi visar hur forskningens olika delar kan förstås som sammankopplade i en forskningsapparat som formar och omformar, producerar men också reproducerar det som studeras. Att förstå forskning på detta sätt – och därmed också förstå forskning som världsskapande – innebär ett särskilt etiskt ansvar för att skapa inkluderande och affirmativa verkligheter, vilket vi diskuterar vidare i kapitel tre. Med fokus på etik menar vi att forskning således kan ha en samtidigt kritisk och kreativ ansats och på så vis skapa en hoppfull rörelse om förändring. Hur denna rörelse kan iscensättas i praktiken är fokus för kapitel fyra. Där diskuterar vi hur empiriskt material kan sägas framkallas genom olika empiriska tillvägagångssätt. I kapitlet diskuterar vi hur språk, kropp och sensibilitet sammanvävs i postkvalitativ metodologi; i närmandet av en praktik och i engagemang med forskningens olika deltagare. Det efterföljande kapitlet, kapitel fem, lyfter fram exempel på hur analyser kan genomföras i postkvalitativ metodologi, samt ställer frågor om vad som analyseras. Här betonar vi särskilt vikten av det oväntade och att detta kräver en öppenhet för vad som uppstår under analysprocessen.

Med denna sammanföring av de metodologiska antaganden som gjorts i denna bok, befinner vi oss nu i bokens sista kapitel. Efter att ha redogjort för något av den kritik som riktats mot postkvalitativ metodologi, vill vi i det följande lyfta blicken och diskutera vad vi ser som bokens viktigaste slutsatser. Genom boken menar vi att det blir tydligt hur metodologi finns i formuleringen av forskningsproblemet, forskningsdesignen, produktionen av empiriskt material, bearbetning av material, analys och sammanställningen (jfr Hjort, 2016). Det handlar om att tillvägagångssätt för produktion av kunskap är sammanvävt med frågor om epistemologi och ontologi. Metodologi kan ses som olika aktiviteter som ägnar sig åt ”sökandet efter sanning, begriplighet och betydelse i den mänskliga tillvaron” (Hjort, 2016, s. 161). Här bråkar ett postkvalitativt förhållningssätt med ord som ”sökande” eftersom det implicerar att det finns kunskap oberoende av metodologin eller forskaren; en kunskap som kan sökas upp eller hittas med hjälp av väl valda metoder. I stället för att förstå metodologin som en sådan väg eller brygga till kunskap ser vi det som en del av och samskapande av kunskap och verklighet. Detta beskriver Haraway (2008a) som ”worldly” och ”worlding practices”, eller som att ”vi både lär oss om och skapar naturen och oss själva” (2008b, s. 54). Det vill säga, kunskap om världen är samtidigt ett görande av densamma.

På detta sätt utmanas uppdelningar mellan realism och relativism, objekt och subjekt, natur och kultur. När tillvaron är ständigt föränderlig är ett tillförlitligt sätt att skapa kunskap om den att studera just det rörliga såsom praktiker och göranden (Haraway, 2008b). Vad den postkvalitativa metodologin erbjuder är ansatser och förhållningssätt som förmår att uppmärksamma en situerad och komplex singularitet hos samtida kunskapsobjekt. I till exempel Barads (2003; 2007) agentiska realism förstås kunskapsprocessen som att göra snitt där gränser och egenskaper tillfälligt bestäms i den fysiska och socialt konstruerade rörliga och komplexa verkligheten. Det innebär att det är tillsammans med och genom snittet som forskaren blir medkonstruktör av kunskapsobjektet och skapar ”en partiell och lokaliserad objektiv kunskap” (Lykke, 2009, s. 153) om det. På så vis sker ett samtidigt snittande och sammankopplande. I skapandet av kunskap blir forskaren del av att repetera, skapa och luckra upp mening och materia, att ta isär och samtidigt sätta ihop. Det innebär att snitten i sig och de sammankopplingar som uppstår genom snitten formar ett specifikt ansvar.

Vad detta ansvar innebär är att ta i beaktan vilka effekter som forskningens snitt och apparat blir medskapare av. Vetenskap beskrivs av Haraway (2008b) som något som måste vara utopiskt och visionärt. Både det imaginära och det rationella, det hon kallar ”vetenskapsfantasi” (Haraway, 2008b, s. 246), måste ingå för att skapa utrymme för att producera kunskap – i samtal med världen som samtidigt utmanar och förändrar världen (jfr Gunnarsson, 2015). Vetenskapligheten och ansvarigheten, menar Haraway, ligger i att ta risker, överskrida och utmana etablerade uppfattningar och sanningar. På så vis så blir det ett viktigt antagande inom en postkvalitativ metodologi att samtidigt undersöka och beskriva verkligheten. Med andra ord, att bråka med de verkligheter som formas för att möjliggöra andra.

I den postkvalitativa metodologin ges teori, och specifikt posthumanism, en framträdande roll. De antaganden som posthumanismen bygger på ger bäring och näring till den postkvalitativa metodologin, dess tillvägagångssätt och överväganden. Teorin blir här, så som i alla studier, del i forskningsapparaten och blir därav delaktig i de frågor som formuleras och i konstruerandet av det empiriska materialet. MacLure (2010) betonar teorins betydelse och menar att det är teori och dess metodologiska implikationer som gör det möjligt att ifrågasätta och bråka med det förgivettagna. Enligt MacLure (2010, s. 277) är teorin nödvändig för att ”block the reproduction of the bleeding obvious, and thereby, hopefully, open new possibilities for thinking and doing”. Med hjälp av teori blir det möjligt att inte bara upprepa det vi redan vet utan att också utmana och skapa nya möjligheter. Vi vill betona att detta även gäller metodologin. Det vetenskapliga tillvägagångssättet gör att forskningen inte enbart upprepar vedertagna och accepterade förståelser av vår omvärld (jfr Hjort, 2016).

Samtidigt som teori har en central roll inom postkvalitativ metodologi är det viktigt att betona dess specifika synsätt på teori. Vad teori erbjuder är ett förhållningssätt till världen, inte någon fast uppsättning verktyg för att förstå den (Mol, 2010). På så vis erbjuder teorin inte några förklaringar eller förutsägelser och är inte konstant eller stadig. Eftersom den är rörlig, anpassningsbar och lyhörd blir det tillsammans med teori möjligt att tona in och uppmärksamma det som marginaliserats och det som är oväntat (Mol, 2010). Teori liksom metodologi är moment i tid och rum. De är lokaliserade och situerade kunskapsfält, vilka gagnas av mångfald och förändring. Det är i möten och samarbete som pluralism och spänningar kan uppstå, något som gynnar forskningens kreativa diskussioner och praktiker (Lykke, 2009). Varje specifikt möte formar materiella och diskursiva mutationer som kan skapa rörelser som möjliggör förändrade göranden och frågor (Gunnarsson, 2018b).

Att bestämma var en teoretisk diskussion slutar och var en metodologisk diskussion börjar är därför nästintill omöjligt. Detta kan både förstås som ett dilemma och som en produktiv kraft som visar den likvärdiga betydelsen av forskningsapparatens alla delar (jfr Bodén, 2016). Dilemmat ligger dock i att under det pågående forskningsarbetet inte oreflekterat upprepa teoretiska antaganden. Det är av vikt att ständigt påminna sig om att teorier trots allt inte är mer (men inte heller mindre) än provisoriska ramverk som ger vetenskapen en riktning och struktur. Samtidigt ger de både forskare och andra en idé om den verklighet vi alla lever i.

Till sist: ingenting, någonting och allting

Vår tid kräver teorier och metoder som kan omfamna och hantera världens komplexa utmaningar. Komplexiteten som finns inbyggd i vår samtid är präglad av globala nätverk och omvälvande förändringar för fenomen som klimat, kommunikation, hälsa, kön och utbildning. För att vi ska kunna skapa kunskap om denna samtid krävs metodologiska tillvägagångssätt och ingångar som den posthumanistiska teorin kan erbjuda. Det innebär till exempel att som forskare uppmärksamma och ta ansvar för de berättelser och verkligheter som vi är medskapare av. "Vi är del av det här tillsammans" är något som Braidotti återkommande betonar. Detta innefattar både det ansvar vi har som individer och som forskare – genom de relationer vi är del av och den kunskap som detta producerar. Det innebär samtidigt att detta ansvar är distribuerat och kollektivt – vi bär det inte ensamma.

Vad vi önskar att boken erbjudit är förslag som inte gör anspråk på att säga vad som är eller hur det borde vara, utan som kan trigga en tanke, sänka farten och skapa möjlighet för en viss förskjutning av hur vi möter situationer och problem som berör oss (Stengers, 2005b). I första kapitlet till denna bok beskrev vi detta som en *metodologisk sensibilitet* där forskningens samskapande förmåga betonas. Denna sensibilitet lyfter fram att arbetet med forskning handlar om att skapa rörelser som öppnar upp, rörelser som erbjuder nya sammanvävningar och nya frågor. Då skapas en hoppfull rörelse med en mångfald av potentiella verkligheter. Vi hoppas att du nu när du har kommit till slutet av denna bok har fått inspiration att undersöka världens röra.

När vi nu ska sammanfatta vad en postkvalitativ metodologi är och kan vara har vi landat i tre ting,: ingen-ting, någon-ting och all-ting (Bodén & Gunnarsson, 2021). En postkvalitativ metodologi erbjuder inga entydiga och avslutade instruktioner och kan inte sammanfattas i en handbok för hur forskning *bör* genomföras. Metodologin är ett erbjudande om att ta del av omvärldens komplexitet och de händelser och rörelser som hela tiden pågår. Den kommer därför alltid att vara en vag och ambivalent metodologi. På så sätt kan den beskrivas som ett *ingenting*. Samtidigt erbjuder metodologin oss förhållningssätt och verktyg för att navigera i denna röra och kan därför förstås som *någonting* som hela tiden förändras. Men framför allt menar vi att en postkvalitativ metodologi erbjuder möjligheter att omskapa och transformera världen i en hoppfull rörelse mot andra möjliga verkligheter. Metodologin erbjuder hopp och är på så sätt *allting* – i en rörlig och rörig värld.

Referenser

Ahn, S. (2015). Aktör-nätverksteori. I: Fejes, A., & Thornberg, R. (red.) *Handbok i kvalitativ analys* (s. 115–130). Stockholm: Liber.

Alaimo, S., & Hekman, S. (red.) (2008). *Material Feminisms*. Bloomington, IN: Indiana University Press.

Andersen, C. E. (2015). *Mot en mindre profesjonalitet:" Rase", tidlig barndom og Deleuzeoguattariske blivelser*. Doktorsavhandling, Stockholms universitet. http://urn.kb.se/resolve?urn=urn:nbn:se:su:diva-114124

Andersen, C. E. (2018). Affirmative critique and strange race-things: Experimenting with art-ing as analysis. *Reconceptualizing Educational Research Methodology*, 9(1): 55–68. doi: https://doi.org/10.7577/rerm.2702

Aronsson, L. (2019). *När förskolan möter neurovetenskap: Kunskapsteoretiska möten i teori och i praktik*. Doktorsavhandling, Stockholms universitet. http://urn.kb.se/resolve?urn=urn:nbn:se:su:diva-171252

Barad, K. (2007). *Meeting the Universe Halfway: Quantum Physics and the Entanglement of Matter and Meaning*. Durham, N.C.: Duke University Press.

Barad, K. (2014). Diffracting diffraction: Cutting together-apart, *Parallax*, 20(3): 168–187. doi: https://doi.org/10.1080/13534645.2014.927623

Barnwell, A. (2017). Method matters: The ethics of exclusion. I: Kirby, V. (red.) *What if Culture was Nature all Along?* (s. 26–47). Edinburgh: Edinburgh University Press.

Blaise, M., Rooney, T., & Pollitt, J. (2019). Weather wanderings. *Journal of Public Pedagogies*, 4. doi: https://doi.org/10.15209/jpp.1185

Bodén, L. (2015). The presence of school absenteeism: Exploring methodologies for researching the material-discursive practice of school absence registration. *Cultural Studies ↔ Critical Methodologies*, *15*(3): 192–202. doi: https://doi.org/10.1177/1532708614557325

Bodén, L. (2016). *Present Absences: Exploring the Posthumanist Entanglements of School Absenteeism*. Doktorsavhandling, Linköpings universitet. https://doi.org/10.3384/diss.diva-130460

Bodén, L. (2019). Wearing and daring the hat: Exploring the materialities of children's experiences in research. *Journal of Early Childhood Education Research, 8*(2): 273–295. https://jecer.org/wearing-and-daring-the-hat-exploring-the-materialities-of-childrens-experiences-in-research/

Bodén, L. (2021). On, to, with, for, by: Ethics and children in research. *Children's Geographies*. doi: https://doi.org/10.1080/14733285.2021.1891405

Bodén, L., & Gunnarsson, K. (2021). Nothing, anything and everything: Conversations on post-qualitative methodology. *Qualitative Inquiry*, 27(2): 192–197. doi: https://doi.org/10.1177/1077800420933295

Bodén, L., Lenz Taguchi, H., Moberg, E., & Taylor, C. A. (2019). Relational materialism. I: Noblit, G. (red.) *Oxford Research Encyclopedia of Education*. New York: Oxford University Press. doi: https://doi.org/10.1093/acrefore/9780190264093.013.789

Bozalek, V., & Zembylas, M. (2017). Diffraction or reflection? Sketching the contours of two methodologies in educational research. *International Journal of Qualitative Studies in Education, 30*(2): 111–127. doi: https://doi.org/10.1080/09518398.2016.1201166

Braidotti, R. (2006). *Transpositions: On Nomadic Ethics*. Cambridge: Polity Press.

Braidotti, R. (2010a). Nomadism: Against methodological nationalism. *Policy Futures in Education, 8*(3–4): 408–418. doi: https://doi.org/10.2304/pfie.2010.8.3.408

Braidotti, R. (2010b). On putting the active back into activism. *New Formations, 68*(68), 42–57. doi: https://doi.org/10.3898/newf.68.03.2009

Braidotti, R. (2013). *The Posthuman*. Cambridge: Polity Press.

Braidotti, R. (2019). A theoretical framework for the critical posthumanities. *Theory, Culture & Society, 36*(6): 31–61. doi: https://doi.org/10.1177/0263276418771486

Brinkmann, S. (2017). Humanism after posthumanism: Or qualitative psychology after the "posts". *Qualitative Research in Psychology,*

14(2): 109–130. doi: https://doi.org/10.1080/14780887.2017.1282568

Brøgger, K., & Staunæs, D. (2016). Standards and (self)implosion: How the circulation of affects accelerates the spread of standards and intensifies the embodiment of colliding, temporal ontologies. *Theory & Psychology*, 26(2): 223–242. doi: https://doi.org/10.1177/0959354316635889

Ceder, S. (2015). *Cutting Through Water: Towards a Posthuman Theory of Educational Relationality*. Doktorsavhandling, Lunds universitet. https://lup.lub.lu.se/search/ws/files/6008016/8411680.pdf

Ceder, S., & Gunnarsson, K. (2018). Som en hand på axeln: Beröring som posthumanistiskt feministiskt fenomen. *Studier i Pædagogisk Filosofi*, 6(1): 5–24. doi: https://doi.org/10.7146/spf.v6i1.102083

Charters, E. (2003). The use of think-aloud methods in qualitative research: An introduction to think-aloud methods. *Brock Education*, 12(2): 68–82. doi: https://doi.org/10.26522/brocked.v12i2.38

Cohen, L., Manion, L., & Morrison, K. (red.) (2018). *Research Methods in Education* (åttonde upplagan). Abingdon/New York: Routledge.

Colebrook, C. (2010). *Gilles Deleuze: En introduktion*. Göteborg: Bokförlaget Korpen.

Coleman, R., & Ringrose, J. (red.) (2013). *Deleuze and Research Methodologies*. Edinburgh: Edinburgh University Press.

Coole, D. H., & Frost, S. (red.) (2010). *New Materialisms: Ontology, Agency, and Politics*. Durham, N.C.: Duke University Press.

Deleuze, G., & Guattari, F. (2004 [1988]). *A Thousand Plateaus: Capitalism and Schizophrenia*. London: Continuum.

Dolphijn, R., & Tuin, I. V. D. (2012). *New Materialism: Interviews & Cartographies*. Ann Arbor: Open Humanities Press. http://www.openhumanitiespress.org/books/titles/new-materialism/

Dolk, K. (2013). *Bångstyriga barn: Makt, normer och delaktighet i förskolan*. Stockholm: Ordfront förlag.

Edwards, R., & Fenwick, T. (2015). Critique and politics: A sociomaterialist intervention, *Educational Philosophy and Theory*,

47(13–14): 1385–1404. doi: https://doi.org/10.1080/00131857.2014.930681

Elkin Postila, T. (2019). Water as method: Explorations of locally situated environmental issues together with preschool children. *Australian Journal of Environmental Education, 35*(3): 222–229. doi: https://doi.org/10.1017/aee.2019.27

Eriksson, C. (2020). *A Preschool that Brings Children into Public Spaces: Onto-Epistemological Research Methods of Vocal strolls, Metaphors, Mappings and Preschool Displacements*. Doktorsavhandling, Stockholms universitet. http://urn.kb.se/resolve?urn=urn:nbn:se:su:diva-176333

Eriksson, M. (2019). *Flickblickar: Visuella berättelser om, av och genom gymnasieelevers kroppar*. Doktorsavhandling, Stockholms universitet. http://urn.kb.se/resolve?urn=urn:nbn:se:su:diva-171279

Fejes, A., & Thornberg, R. (red.) (2015). *Handbok i kvalitativ analys*. Stockholm: Liber.

Fenwick, T., & Edwards, R. (2011). Considering materiality in educational policy: Messy objects and multiple reals. *Educational Theory, 61*(6): 709–726. doi: https://doi.org/10.1111/j.1741-5446.2011.00429.x

Greene, J. C. (2013). On rhizomes, lines of flight, mangles, and other assemblages. *International Journal of Qualitative Studies in Education, 26*(6): 749–758. doi: https://doi.org/10.1080/09518398.2013.788763

Gulson, K. (2015). Relational space and education policy analysis. I: Gulson, K.N., Clarke, M., & Petersen, B. E. (red.) *Education Policy and Contemporary Theory: Implications for Research* (s. 219–229). Oxon: Routledge.

Gunnarsson, K. (2015). *Med önskan om kontroll: Figurationer av hälsa i skolors hälsofrämjande arbete*. Doktorsavhandling, Stockholms Universitet. http://urn.kb.se/resolve?urn=urn:nbn:se:su:diva-116008

Gunnarsson, K. (2017). Möten och rörelser i affektiva koreografier. I: Bergstedt, B. (red.) *Posthumanistisk pedagogik: Teori, undervisning och forskningspraktik*. Malmö: Gleerups.

Gunnarsson, K. (2018a). Potentiality for change? Revisiting an action research project with a sociomaterial approach. *Educational*

Action Research, 26(5): 666–681. doi: https://doi.org/10.1080/09650792.2017.1417143

Gunnarsson, K. (2018b). Med rörelse och engagemang: En sociomateriell hållning till praktiknära forskning. *Utbildning och lärande, 12*(1): 71–86. http://urn.kb.se/resolve?urn=urn:nbn:se:du-29118

Gunnarsson, K. (2019a). Att samhandla med manualer: Föränderliga deltagare i skolors hälsofrämjande arbete. *Pedagogisk forskning i Sverige,* 24(1): 68–84. doi: https://doi.org/10.15626/pfs24.1.05

Gunnarsson, K. (2019b). In the middle of things: Encountering questions about equality in social studies education. *Gender and Education*. doi: https://doi.org/10.1080/09540253.2019.1583321

Gunnarsson, K. (2021). How to expand the boundaries: Feminist posthumanist elaborations on change in education. *Reconceptualizing Educational Research Methodology*. (In press).

Gunnarsson, K., & Hohti, R. (2018). Editorial: Why affirmative critique? *Reconceptualizing Educational Research Methodology*, 9(1): 1–5. doi: https://doi.org/10.7577/rerm.2697

Gustafsson, K., & Hagström, L. (2016). Forskningsproblem: Vad står på spel? I: Hagström, L., Bremberg, N., & Holmberg, A. (red.) *Att forska: Praktiker och roller inom samhällsvetenskapen* (s. 96–118). Stockholm: Carlsson.

Guttorm, H. E. (2016). Assemblages and swing-arounds: Becoming a dissertation, or putting poststructural theories to work in research writing. *Qualitative Inquiry*, 22(5), 353–364. doi: https://doi.org/10.1177/1077800415615618

Guttorm, H. E. (2018). Flying beyond: Diverse Sáminesses and be(com)ing Sámi. *Reconceptualizing Educational Research Methodology*, 9(1): 43–54. doi: https://doi.org/10.7577/rerm.2703

Göransson, K. (2019). *Etnografi: Sjösätt, navigera och ro i land ditt projekt*. Lund: Studentlitteratur.

Fangen, K., & Sellerberg, A. (red.) (2011). *Många möjliga metoder*. Lund: Studentlitteratur.

Hagström, L., Bremberg, N., & Holmberg, A. (red.) (2016). *Att forska: Praktiker och roller inom samhällsvetenskapen*. Stockholm: Carlsson.

Haraway, D. (2004). *The Haraway Reader*. New York, London: Routledge.

Haraway, D. (2008a). *When Species Meet*. University of Minnesota press.

Haraway, D. (2008b). *Apor, cyborger och kvinnor: Att återuppfinna naturen*. Eslöv: Brutus Östlings bokförlag Symposion.

Haraway, D. (2011). När arter möts (övers. Ylva Gislén). *Fronesis, 35*: 174–203.

Heimans, S. (2015). Taking a 'material turn' in education policy research? I: Gulson, K. N. (red.) *Education Policy and Contemporary Theory: Implications for Research* (s. 160–170). Oxon: Routledge.

Hine, C. (2007). Multi-sited ethnography as a middle range methodology for contemporary STS. *Science, Technology & Human Values, 32*(6): 652–671. doi: https://doi.org/10.1177/0162243907303598

Hjort, R. (2016). Metod: Vetenskaplig metod och forskarens frihet. I: Hagström, L., Bremberg, N., & Holmberg, A. (red.) *Att forska: Praktiker och roller inom samhällsvetenskapen* (s. 143–163). Stockholm: Carlsson.

Hohti, R., & Karlsson, L. (2014). Lollipop stories: Listening to children's voices in the classroom and narrative ethnographical research. *Childhood, 21*(4): 548–562. doi: https://doi.org/10.1177/0907568213496655

Holstein, J. A., & Gubrium, J. F. (1995). *The Active Interview*. Thousand Oaks, CA: Sage.

Jackson, A. Y., & Mazzei, L. A. (2011). *Thinking with Theory in Qualitative Research: Viewing Data across Multiple Perspectives*. London/New York: Routledge.

Johansson, L. (2014). Röster och rörelse: Fokusgruppen som postkvalitativ metod. *Pedagogisk forskning i Sverige, 19*(2–3): 110–113. https://open.lnu.se/index.php/PFS/article/view/1385/1229

Jones, L. Holmes, R., Macrae C., & MacLure, M. (2010). Documenting classroom life: How can I write about what I am seeing? *Qualitative Research, 10*(4): 479–491. doi: https://doi.org/10.1177/1468794110366814

Juelskjær, M. (2013). Gendered subjectivities of spacetimematter. *Gender and Education, 25*(6): 754–768. doi: https://doi.org/10.1080/09540253.2013.831812

Juelskjær, M. (2019). *At tænke med agential realisme*. Köpenhamn: Nyt fra Samfundsvidenskaberne.

Juelskjær, M., Falkenberg, H., & Larsen, V. (2018). Students of reforms: Investigating and troubling the enactment of student voices in research on reform. *International Journal of Qualitative Studies in Education, 31*(5): 436–451. doi: https://doi.org/10.1080/09518398.2018.1449981

Juelskjær, M., Plauborg, H., & Adrian, S. W. (2020). *Dialogues on Agential Realism: Engaging in Worldings through Research Practice*. Abingdon/New York: Routledge.

Kalman, H., & Lövgren, V. (red.) (2012). *Etiska dilemman: Forskningsdeltagande, samtycke och utsatthet*. Malmö: Gleerups.

Koro-Ljungberg, M. (2015). *Reconceptualizing Qualitative Research: Methodologies without Methodology*. Los Angeles, California: Sage Publications.

Koro-Ljungberg, M., Löytönen, T., & Tesar, M. (red.) (2017). *Disrupting Data in Qualitative inquiry: Entanglements with the Post-Critical and Post-Anthropocentric*. New York: Peter Lang.

Kragelund, L. (2013). The obser-view: A method of generating data and learning. *Nurse Researcher, 20*(5): 6–10. doi: https://doi.org/10.7748/nr2013.05.20.5.6.e296

Kuntz, A. M., & Presnall, M. M. (2012). Wandering the tactical: From interview to intraview. *Qualitative Inquiry, 18*(9): 732–744. doi: https://doi.org/0.1177/1077800412453016

Kvale, S. & Brinkmann, S. (2009). *Den kvalitativa forskningsintervjun*. Lund: Studentlitteratur.

Källström, Å., & Andersson Bruck, K. (2017). *Etiska reflektioner i forskning med barn*. Malmö: Gleerups.

Lather, P. (2013). Methodology-21: What do we do in the afterward? *International Journal of Qualitative Studies in Education,*

26(6): 634–645. doi: https://doi.org/10.1080/09518398.2013.788753

Lather, P. (2016). Top ten+ list: (Re)thinking ontology in (post)qualitative research. *Cultural Studies ↔ Critical Methodologies, 16*(2): 125–131. doi: https://doi.org/10.1177/1532708616634734

Lather, P., & St. Pierre, E. A. (2013). Post-qualitative research. *International Journal of Qualitative Studies in Education, 26*(6): 629–633. doi: https://doi.org/10.1080/09518398.2013.788752

Latour, B. (1999). *Pandora's Hope: Essays on the Reality of Science Studies*. Cambridge, Mass.: Harvard University Press.

Latour, B. (2005). *Reassembling the Social: An Introduction to Actor-Network-Theory*. Oxford: University Press.

Law, J. (1999). After ANT: Complexity, naming and topology. *The Sociological Review,* 47(1): 1–14. doi: https://doi.org/10.1111/j.1467-954X.1999.tb03479.x

Lefebvre, H. (2017). *Rhythmanalysis: Space, Time, and Everyday Life*. New York: Bloomsbury.

Lenz Taguchi, H. (2012). A diffractive and Deleuzian approach to analyzing interview-data. *Journal of Feminist Theory 13*(3): 265–281. doi: https://doi.org/10.1177/1464700112456001

Lenz Taguchi, H. (2017). Ultraljudsfosterbilden: En feministisk omkonfigurering av begreppet posthumanism. I: Bergstedt, B. (red.) *Posthumanistisk pedagogik: Teori, undervisning och forskningspraktik* (s. 167–190). Malmö: Gleerups.

Lenz Taguchi, H., & Palmer, A. (2013). A more 'livable'school? A diffractive analysis of the performative enactments of girls' ill-/well-being with(in) school environments. *Gender and Education, 25*(6): 671–687. doi: https://doi.org/10.1080/09540253.2013.829909

Lenz Taguchi, H., Semenec, P., & Diaz-Diaz, C. (2020). Interview with Hillevi Lenz Taguchi. I *Posthumanist and New Materialist Methodologies* (s. 33–46). Singapore: Springer.

Lykke, N. (2009). *Genusforskning: En guide till feministisk teori, metodologi och skrift*. Stockholm: Liber.

Lövgren, V., Kalman, H., & Sauer, L. (2012). Känsliga personuppgifter: Mellan prövning och forskningspraktik. I Kalman, H., &

V. Lövgren (red.) *Etiska dilemman: Forskningsdeltagande, samtycke och utsatthet* (s. 55–68). Malmö: Gleerups.

MacLure, M. (2010). The offence of theory. *Journal of Education Policy*, 25(2): 277–286. doi: https://doi.org/10.1080/02680930903462316

MacLure, M. (2013a). Researching without representation? Language and materiality in post- qualitative methodology. *International Journal of Qualitative Studies in Education*, 26(6): 658–667. doi: https://doi.org/10.1080/09518398.2013.788755

MacLure, M. (2013b). Classification or wonder? Coding as an analytic practice in qualitative research. I: Coleman, B., & J. Ringrose (red.) *Deleuze and Research Methodologies* (s. 164–183). Edinburgh: Edinburgh University Press.

Magnusson, L. O. (2017). *Treåringar, kameror och förskola: En serie diffraktiva rörelser*. Doktorsavhandling, Göteborgs universitet. http://hdl.handle.net/2077/53380

Mann, A., Mol, A., Satalkar, P., Savirani, A., Selim, N., Sur, M., & Yates-Doerr, E. (2011). Mixing methods, tasting fingers: Notes on an ethnographic experiment. *HAU: Journal of Ethnographic Theory*, 1(1): 221–243. doi: https://doi.org/10.14318/hau1.1.009

Manning, E. (2016). *The Minor Gesture*. Duke University Press.

Marcus, G. E. (1995). Ethnography in/of the world system: The emergence of Multi-sited ethnography. *Annual Review Anthropology*, 24: 95–117. doi: https://doi.org/10.1146/annurev.an.24.100195.000523

Martin, A. D., & Kaberelis, G. (2013). Mapping not tracing: Qualitative educational research with political teeth. *International Journal of Qualitative Studies in Education*, 26(6): 668–679. doi: https://doi.org/10.1080/09518398.2013.788756

Martín-Bylund, A. (2017). *Towards a Minor Bilingualism: Exploring Variations of Language and Literacy in Early Childhood Education*. Doktorsavhandling, Linköpings universitet. doi: https://doi.org/10.3384/diss.diva-139853

Mazzei, L. A. (2013). A voice without organs: Interviewing in posthumanist research. *International Journal of Qualitative Studies in Education*, 26(6): 732–740. doi: https://doi.org/10.1080/09518398.2013.788761

Mazzei, L. A., & Jackson, A. Y. (2017). Voice in the agentic assemblage. *Educational Philosophy and Theory,* 49(11): 1090–1098. doi: https://doi.org/10.1080/00131857.2016.1159176

Moberg, E. (2017). *Breakdowns, Overlaps and Ambivalence: An Actor-Network Theory Study of the Swedish Preschool Curriculum.* Doktorsavhandling, Stockholms universitet. http://urn.kb.se/resolve?urn=urn:nbn:se:su:diva-148631

Mol, A. (2002). *The Body Multiple: Ontology in Medical Practice.* Durham: Duke University Press.

Mol, A. (2010). Actor-network theory: Sensitive terms and enduring tensions. *Kölner Zeitschrift für Soziologie und Sozialpsychologie,* 50(1): 253–269. https://hdl.handle.net/11245/1.330874

Mol, A. (2011). *Omsorgens logik: Aktiva patienter och valfrihetens gränser.* Lund: Arkiv.

Nordstrom, S. N. (2013). Object-interviews: Folding, unfolding, and refolding perceptions of objects. *International Journal of Qualitative Methods,* 12(1): 237–257. doi: https://doi.org/10.1177/160940691301200111

Nordstrom, S. N. (2018). Antimethodology: Postqualitative generative conventions. *Qualitative Inquiry,* 24(3): 215–226. doi: https://doi.org/10.1177/1077800417704469

Nyström, A. (2012). Mellan empati och kritisk granskning? Forskningsdeltagande som risk. I: Kalman, H., & Lövgren, V. (red.) *Etiska dilemman: Forskningsdeltagande, samtycke och utsatthet* (s. 71–86). Malmö: Gleerups.

Ollis, D., Coll, L., & Harrison, L. (2019). Negotiating sexuality education with young people: Ethical pitfalls and provocations. *American Journal of Sexuality Education,* 14(2): 186–202. doi: https://doi.org/10.1080/15546128.2018.1548317

Otterstad, A. M., & Waterhouse, A. H. L. (2016). Beyond regimes of signs: Making art/istic portrayals of haptic moments/movements with child/ren/hood. *Discourse: Studies in the Cultural politics of Education,* 37(5): 739–753. doi: https://doi.org/10.1080/01596306.2015.1075727

Palmer, A., & Pedersen, H. (2017). Naturhistoriska riksmuseet som kritisk djurpedagogisk arena. I: Bergstedt, B. (red.) *Posthumanistisk pedagogik: Teori, undervisning och forskningspraktik* (s. 41–59). Malmö: Gleerups.

Pedersen, H. (2014). Posthumanistisk pedagogisk forskning: Några ingångar. *Pedagogisk forskning i Sverige, 19*(2–3): 83–89. http://urn.kb.se/resolve?urn=urn:nbn:se:su:diva-133932

Petersen, E. B. (2018). 'Data found us': A critique of some new materialist tropes in educational research. *Research in Education, 101*(1): 5–16. doi: https://doi.org/10.1177/0034523718792161

Pillow, W. S. (2017). Policy studies debt: A feminist call to expand policy studies theory. I: Young, M. D., & Diem, S. (red.) *Critical Approaches to Education Policy Analysis* (s. 261–274). Cham: Springer.

Pillow, W. S. (2017). Imagining policy [data] differently. I: Parker, S., Gulson, K. N., & Gale, T. (red.) *Policy and Inequality in Education* (s. 133–151). Singapore: Springer.

Pink, S. (2015). *Doing Sensory Ethnography.* (andra upplagan) London: Sage.

Prop 2018/19:165. *Etikprövning av forskning: Tydligare regler och skärpta straff.* Regeringens proposition (Stefan Löfven, S) 2019. https://www.regeringen.se/4a4ee6/contentassets/a790f28f81494 1e2938760b8ec9012fa/etikprovning-av-forskning--tydligare-regler-prop.-201819165

Renold, E. (2018). 'Feel what I feel': Making da(r)ta with teen girls for creative activisms on how sexual violence matters. *Journal of Gender Studies,* 27(1): 37–55. doi: https://doi.org/10.1080/09589236.2017.1296352

Retallack, H., Ringrose, J., & Lawrence, E. (2016). 'Fuck your body image': Teen girls' twitter and instagram feminism in and around school. I: Coffey, J., Budgeon, S. & Cahill, H. (red.). *Learning Bodies* (s. 85–103). Singapore: Springer.

Ringrose, J., & Renold, E. (2014). 'F** k rape!' Exploring affective intensities in a feminist research assemblage. *Qualitative Inquiry,* 20(6): 772–780. doi: https://doi.org/10.1177/1077800414530261

Ringrose, J., Whitehead, S., Regehr, K., & Jenkinson, A. (2019). Play-Doh vulvas and felt tip dick pics: Disrupting phallocentric matter(s) in sex education. *Reconceptualizing Educational Research Methodology*, 10(2–3): 259–291. doi: https://doi.org/10.7577/rerm.3679

Salwén, H. (2017). *Forskningsetik för humaniora*. Stockholm: Thales.

Sauzet, S. (2015). *Versioner: Diffraktive analyser af tværprofessionelismens tilblivelse som fænomen i professionshøjskolen*. Doktorsavhandling, Aarhus Universitet. https://www.ucviden.dk/ws/portalfiles/portal/103183667/Sofie_Sauzet_PhD.pdf

Silverman, D. (2006). *Interpretating Qualitative Data: Methods for Analysing Talk, Text and Interaction* (tredje upplagan). London: Sage.

Sjögren, H. (2016). *Sustainability for Whom? The Politics of Imagining Environmental Change in Education*. Doktorsavhandling, Linköpings universitet. https://doi.org/10.3384/diss.diva-127393

Springgay, S., & Truman, S. E. (2018). On the need for methods beyond proceduralism: Speculative middles, (in)tensions, and response-ability in research. *Qualitative Inquiry*, 24(3): 203–214. doi: https://doi.org/10.1177/1077800417704464

Staunæs, D. (2016). Notes on inventive methodologies and affirmative critiques of an affective edu-future. *Research in Education*, 96(1): 62–70. doi: https://doi.org/10.1177/0034523716664580

Staunæs, D. (2018). 'Green with envy': Affects and gut feelings as an affirmative, immanent, and trans-corporeal critique of new motivational data visualizations. *International Journal of Qualitative Studies in Education*, 31(5): 409–421. doi: https://doi.org/10.1080/09518398.2018.1449983

Staunæs, D., & Pors, J. G. (2015). Thinking educational policy and management through (frictional) concepts of affects. I: Gulson, K. N., Clarke, M., & Petersen, B. E. (red.) *Education Policy and Contemporary Theory* (s. 99–109). Abingdon, Oxon: Routledge.

Stengers, I. (2005a). Introductory notes on an ecology of practices. *Cultural Studies Review*, 11(1): 183–196. doi: https://doi.org/10.5130/csr.v11i1.3459

Stengers, I. (2005b). The cosmopolitical proposal. I: Latour, B., & Weibel, P. (red.) *Making Things Public: Atmospheres of Democracy* (s. 994–1003). Cambridge, Mass: MIT Press.

Stengers, I. (2008). Experimenting with refrains: Subjectivity and the challenge of escaping modern dualism. *Subjectivity,* 22(1): 38–59. doi: https://doi.org/10.1057/sub.2008.6

St. Pierre, E. A. (2013a). The posts continue: Becoming. *International Journal of Qualitative Studies in Education,* 26(6): 646–657. doi: https://doi.org/10.1080/09518398.2013.788754

St. Pierre, E. A. (2013b). The appearance of data. *Cultural Studies ↔ Critical Methodologies,* 13(4): 223–227. doi: https://doi.org/10.1177/1532708613487862

St. Pierre, E. A. (2014). A brief and personal history of post qualitative research: Toward 'post inquiry'. *Journal of Curriculum Theorizing,* 30(2): 2–19. https://journal.jctonline.org/index.php/jct/article/view/521/stpierre.pdf

St. Pierre, E. A. (2018). Writing post qualitative inquiry. *Qualitative Inquiry,* 24(9): 603–608. doi: https://doi.org/10.1177/1077800417734567

St. Pierre, E. A. (2019). Post qualitative inquiry in an ontology of immanence. *Qualitative Inquiry,* 25(1): 3–16. doi: https://doi.org/10.1177/1077800418772634

St. Pierre, E. A., & Jackson, A. Y. (2014). Qualitative data analysis after coding. *Qualitative Inquiry,* 20(6): 715–719. doi: https://doi.org/10.1177/1077800414532435

St. Pierre, E. A., Jackson, A. Y., & Mazzei, L. A. (2016). New empiricisms and new materialisms: Conditions for new inquiry. *Cultural Studies ↔ Critical Methodologies,* 16(2): 99–110. doi: https://doi.org/10.1177/1532708616638694

Strom, K., Ringrose, J., Osgood, J., & Renold, E. (2019). Editorial: PhEmaterialism: Response-able research and pedagogy. *Reconceptualising Educational Research Methodology,* 10(2–3): 1–39. doi: https://doi.org/10.7577/rerm.3649

Sullivan, N. (2012). The somatechnics of perception and the matter of the non/human: A critical response to the new materialism. *European Journal of Women's Studies,* 19(3): 299–313. doi: https://doi.org/10.1177/1350506812443477

Taylor, C. A. (2013). Objects, bodies and space: Gender and embodied practices of mattering in the classroom. *Gender and Education,* 25(6): 688–703. doi: https://doi.org/10.1080/09540253.2013.834864

Thrift, N. (2008). *Non-representational Theory: Space, Politics, Affect*. London/New York: Routledge.

Tjora, A. (2011). Observationsstudiets sötma och lömska fältanteckningar. I: Fangen, K., & Sellerberg, A. (red.) *Många möjliga metoder* (s. 145–170). Lund: Studentlitteratur.

Todd, Z. (2016). An indigenous feminist's take on the ontological turn: 'Ontology' is just another word for colonialism. *Journal of Historical Sociology*, 29(1): 4–22. doi: https://doi.org/10.1111/johs.12124

Ulmer, J. B. (2016). Diffraction as a method of critical policy analysis. *Educational Philosophy and Theory*, 48(13): 1381–1394. doi: https://doi.org/10.1080/00131857.2016.1211001

Ulmer. J. B. (2017). Posthumanism as research methodology: Inquiry in the Anthropocene. *International Journal of Qualitative Studies in Education*, 30(9): 832–848. doi: https://doi.org/10.1080/09518398.2017.1336806

Vannini, P. (red.) (2015). *Non-Representational Methodologies: Re-Envisioning Research*. London/New York: Routledge.

Verran, H. (2014). Working with those who think otherwise. *Common Knowledge*, 20(3): 527–539. doi: https://doi.org/10.1215/0961754X-2733075

Vetenskapsrådet (2017). *God forskningssed*. Stockholm: Vetenskapsrådet. https://www.vr.se/download/18.2412c5311624176023d25b05/1555332112063/God-forskningssed_VR_2017.pdf

Åsberg, C. (2012). Läskunnighet bortom humanioras bekvämlighetszoner. I: Åsberg, C., Hultman, M., & Lee, F. (red.) *Posthumanistiska nyckeltexter* (s. 7–21). Lund: Studentlitteratur.

Åsberg, C., Hultman, M., & Lee, F. (red.) (2012). *Posthumanistiska nyckeltexter*. Lund: Studentlitteratur.

Åsberg, R. (2001). Det finns inga kvalitativa metoder – och inga kvantitativa heller för den delen: Det kvalitativa-kvantitativa argumentets missvisande retorik. *Pedagogisk forskning i Sverige*, 6(4): 270–292. https://www.ida.liu.se/~729A94/mtrl/aasberg.pdf

Index

www.ingramcontent.com/pod-product-compliance
Ingram Content Group UK Ltd.
Pitfield, Milton Keynes, MK11 3LW, UK
UKHW022005190726
13853UKWH00004B/1756